社会主义核心价值体系建设

"双百"出版工程

项 目

/100位

新中国成立以来感动中国人物/

杨根思

褚当阳　杨逸飞/著

吉林文史出版社

《100位新中国成立以来感动中国人物》丛书

前言

每个人的心中都多少有一点英雄情结，都向往英雄、景仰英雄。也正因此，在中华人民共和国建国六十周年之际，由中央十一部委联合组织开展的“100 位为新中国成立作出突出贡献的英雄模范人物和 100 位新中国成立以来感动中国人物”的评选活动中，群众参与投票总数近一亿。这其中的每一张选票，都表达了人们对英雄模范的崇敬之情，寄托着对伟大祖国的美好祝福。

一个民族不能没有英雄，否则这个民族就不会强大。当国家危难之时，懦弱者选择了逃避、妥协甚至投降，英雄们却挺身而出，用热血捍卫民族的尊严，人民的幸福。在创立和建设新中国的伟大历程中，涌现出无数可歌可泣的英雄模范人物。他们之中，有为了民族独立和人民解放而英勇牺牲的革命先烈，有为了党和人民的事业而不懈奋斗的优秀共产党员，有在全民族抗战中顽强奋战、为国捐躯的爱国将士，有英勇杀敌的战斗英雄和革命群众，有积极从事进步活动的著名民主爱国人士和国际友人……他们是民族的脊梁、祖国的骄傲，是激励全体人民团结奋斗的精神力量。

《100 位新中国成立以来感动中国人物》丛书，就像一部星光璀璨的英雄谱，真实、完整地记录了英雄模范人物不平凡的一生，再现了他们非凡的人格魅力和精神世界。舍身堵枪眼的黄继光，拼命也要拿下大油田的王进喜，中国原子弹之父邓稼先，新时期领导干部的楷模孔繁森……一串串闪光的名字，一个个动人的故事，犹如群星闪烁，光耀中华。

当今中国正处于伟大变革的时代，迫切需要涌现出一大批勇于承担历史使命、为祖国和人民奉献一切的先进人物。在“双百”人物崇高精神的引领下，在建设社会主义现代化国家的征程中，必将英雄辈出。

生平简介

杨根思（1922–1950），男，汉族，江苏泰兴人，中共党员。1944 年 3 月入伍，1945 年 11 月入党。生前系中国人民志愿军第二十军五十八师一七二团三连连长。

杨根思出生在一个贫苦的农民家庭，从小受到地主的剥削和压迫，心中对旧社会充满仇恨，当得知共产党领导的军队是人民的队伍，就下定决心跟党走。入伍后，他把这种信念化为苦练军事本领的动力，坚信只要听党话、跟党走，就“不相信有完成不了的任务，不相信有克服不了的困难，不相信有战胜不了的敌人”。

他随部队转战南北，不畏艰难困苦，先后经历了抗日战争、解放战争和抗美援朝战争的炮火洗礼，参加大小战斗两百余次，靠着自身过硬的军事素质和智谋胆识，在历次重大战役中屡建奇功，始终争第一、当先锋、打头阵，为党和人民作出了突出贡献。1950 年 11 月，在抗美援朝战争第二次战役坚守长津湖畔 1071.1 高地东南侧小高岭战斗中，时任连长的杨根思率领三排连续打退美军八次进攻，在最后阵地上只剩下他一人时，以大无畏的革命精神和“人在阵地在”的英雄气概，毅然抱起炸药包冲向敌群，与敌人同归于尽，年仅 28 岁。中国人民志愿军总部为他追记特等功，1951 年 5 月 9 日，志愿军总部命名其生前所在连为“杨根思连”，追授他“特级英雄”荣誉称号。朝鲜民主主义人民共和国最高人民会议常任委员会追授他“朝鲜民主主义人民共和国英雄”称号和金星奖章、一级国旗勋章。中国人民志愿军总司令彭德怀题词称赞他为“中国人民的优秀儿子，国际主义的伟大战士，志愿军的模范指挥员”。

◄ 杨根思

目录 MULU

■勇士辉煌化金星（代序）/ 001

■仇恨入心 / 001

贫苦的童年 / 002
杨根思出生在一个贫苦的农民家庭，父亲被地主逼死，母亲一气成病，也含冤死去。杨根思与哥哥靠讨饭过活，饱尝人间冷暖。冷酷的世道在杨根思幼小的心灵里留下不可愈合的创伤。

织地毯的童工 / 005
孤苦无依的杨根思去上海投奔在地毯厂干活的哥哥。为了生计，他与资本家签订卖身契，做了织地毯的童工，受尽资本家的鞭打和压榨。

■初入军营 / 011

苦寻新四军 / 012
杨根思和哥哥回到阔别八年的故乡，不久他的哥哥也离开了人世。失去了所有家人的杨根思心头堆满了对旧社会的仇恨。他在苦寻不到新四军的情况下，当起了乡基干队员，杀敌报仇。

长矛缴枪 / 016
杨根思参军在新四军一师一旅一团，成为一名真正的战士。他刻苦学习杀敌本领，在第一次战斗中，就用长矛成功缴获了敌人的真枪。

转战江南 / 021
杨根思所在部队奉命转战江南，他把全部身心都投入到革命事业中，逐渐把当兵为个人报仇的意识，提高到为民族解放、阶级解放的思想境界。

浑身是胆 / 024
在浙西自卫反击战中，杨根思英勇无畏，浑身是胆，阵阵冲锋在前，团部批准他为战斗模范。

■屡建战功 / 031

红心向党 / 032
杨根思逐步从一个具有朴素阶级情感的战士，成长为一名无产阶级先锋战士。在党组织的关心下，他成为一名光荣的共产党党员。

学习爆破 / 036
为了更好地打击敌人，杨根思主动申请学习爆破。杨根思在训练班结束回到连队后，很快成为了一名爆破好手。

手榴弹建功 / 040
在1946年攻打泰安的战斗中，杨根思用18颗手榴弹攻下了全城的制高点天主教堂，夺取了战斗的主动权，并首次获得“战斗英雄”称号。

勇士辉煌化金星（代序）

“……为了胜利，向我开炮！”这是著名影片《英雄儿女》中，英雄王成双手紧握爆破筒，纵身冲向敌群前高喊出的豪言壮语。这一声呐喊深深震撼了几代中国人的内心，然而又有多少人知道，影片中主人公王成的原型就是中国人民志愿军特级英雄杨根思，而这个壮烈情景就是特级英雄杨根思在朝鲜战场小高岭战斗中英勇壮举的真实写照。

那是 1951 年 11 月 29 日，在硝烟滚滚的朝鲜战场上，二次战役的战火再燃长津湖畔，奉命坚守在下碣隅里外围 1071.1 高地东南侧小高岭上的三连连长杨根思，带领一个排阻击数十倍于己的敌人，连续打退了敌人 8 次疯狂进攻。当阵地上只剩下杨根思一个人孤身奋战时，穷凶极恶的敌人又一次发起了猛烈的进攻，杨根思以大无畏的革命精神和“人在阵地在”的英雄气概，毅然抱起炸药包，冲向敌群，与敌人同归于尽，用宝贵的生命换来战斗的胜利……

六十多年的风雨，洗去了多少旧事。但六十多年前的抗美援朝，仍深深印刻在许许多多国人的心中，不能忘却。为了家国、为了和平，无数像杨根思一样的英雄儿女参加了志愿军，踏上抗美援朝、保家卫国的征程，用青春和生命书写了 段可歌可泣的光辉历史。跨过鸭绿江的豪迈，血战长津湖的悲壮，鏖兵上甘岭的惨烈……硝烟战火中的一位位勇士宛如一颗颗耀眼的明星，在共和国的历史上发出璀璨的光辉。正如电影《英雄儿女》的一段朗诵诗中所说：“在中国人民志愿军里，有千千万万个王成。”诚哉斯言！

这段历史，属于它的创造者，也属于后来人。它已成为我们民族的经典记忆，流淌在每一位中华儿女的血液中。

历史的长河，流走了多少故事，流不走的是那不灭的精神。

岁月的风尘，抚去了多少色彩，抚不去的是那不屈的魂魄。

这精神，这魂魄，都在那场惨烈而又悲壮的战斗中化成了永恒的金星。

10 月 25 日，是我国抗美援朝纪念日。值此抗美援朝 62 周年之际，让我们重温杨根思的故事，体会血与火的较量，铭记伟大的奉献和牺牲！

仇恨入心

一 贫苦的童年

☆☆☆☆☆

1922年的中国，是一个风雨如晦、兵匪横行、民不聊生的中国。帝国主义列强的炮舰给中华民族打上耻辱的烙印，封建军阀混战的炮火将人民赶进无尽的痛苦深渊。

严冬，在一个风雪交加的夜晚，江苏泰州羊货郎店村一个贫穷的佃户杨德堂家里传来了新生婴儿呱呱落地的哭声。这个在风雪中出生的婴儿就是杨根思。杨根思的到来并没有给这个贫苦的家庭带来一丝的欢乐。相反，全家人都沉浸在了失去亲人的悲痛之中。原来，杨德堂的父亲杨金魁为了偿还地主的高利贷，忍痛将小女儿卖到了江南，谁知回来竟搭上了土匪船，土匪不仅抢光了他卖女儿的钱，还残忍地把他砍杀在江里了。杨根思就是在这样一个黑暗的年代来到了冷酷的人间，来到了这个苦难的家庭。

杨德堂是个老实憨厚的庄稼汉，四十刚出头，已经被生活的重担压得背驼腰弯。一家四口仅靠四叔留下的二亩沙地艰难度日。长年的辛劳，使杨根思的妈妈得了一身重病，一年将近有十个月不能起床。家里常常揭不开锅，杨根思这棵破土而出的嫩苗，在一瓢瓢苦水浇灌下，抽出几片嫩叶，艰难地长大。

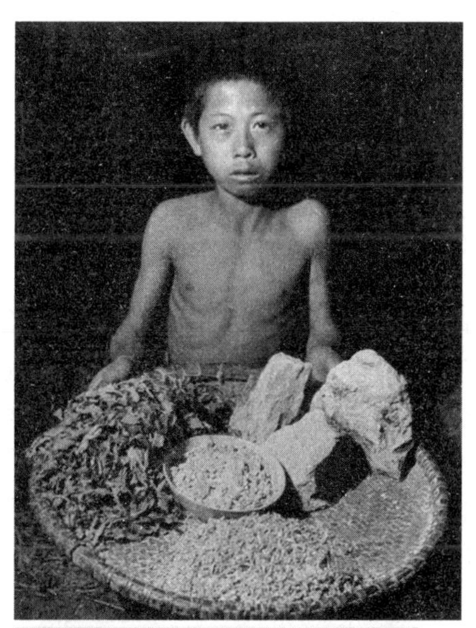

△ 旧社会以野菜、“观音土”为食的儿童

寒来暑往，转眼杨根思 5 岁了，苦难的生活使杨根思过早懂得了父母的艰辛。他和哥哥杨龙玺挖野菜、拾麦穗、拣山芋，帮着父母分担生计。然而，家里借的高利贷像滚雪球一样翻着跟头往上涨，债主家的狗腿子三天两头来逼债，压得杨家喘不过气。为还债，杨德堂咬着牙租了地主家的地，又去借了麦种，从鸡啼忙到狗叫，没日没夜地干。杨根思的妈妈拖着病重的身子下田，杨根思和哥哥也整天忙里忙外，全家人指望着辛苦一年，能有个好收成。

好不容易盼到秋天，金黄的麦子在地里还没来得及收割，地主便派人传下话来 :“歉年不减，丰年加成，今年的租谷一律加二成。”杨德堂无奈，只好把苦水往肚子里咽，盘算着自家总能剩下一些的。打好的麦子刚刚晒干，地主的大管家便带着一帮狗腿子来收租。大管家噼里啪啦打了一通算盘，场上黄灿灿的麦子大半装进了地主家的大口袋。年幼的杨根思瞪着眼睛看着大管家的算盘，他不明白，为什么算盘一阵响，家里的麦子就被他们拿走了。

收租的人前脚刚走，逼债的人又上了门，剩下的麦子又全倒进了高利贷债主家的粮仓。

被榨干血汗的杨德堂怀着满腹怨恨死在了长了芽的麦垛旁。父亲死了，杨根思的妈妈急得嘴里吐出一团团白沫，两眼向上直翻，昏厥了过去。等她苏醒过来，发现她连自己的亲骨肉也不认识了。她疯了，吃人的世道把一个善良勤劳的妇女逼疯了。没几日，杨根思的妈妈便丢下杨根思兄弟二人，含恨离开了这暗无天日的人间。

杨根思和哥哥杨龙玺哭哑了喉咙、哭干了眼泪。他们成了孤儿，在这苦难的人世间相依为命。

1930 年的夏天，一场百年未遇的大水灾把苏北平原变成了一片汪洋。洪水过后，江堤决口了，圩堰冲垮了，房屋倒塌了，饥荒遍野，灾民成群。杨根思和哥哥靠着乞讨、剥榆树皮、挖“观音土”吃勉强度日。

不久，上海来了一个招童工的工头，把杨龙玺和邻庄几个较大一点的孩子拐带走了。杨根思成了漠漠长空里的一只孤雁。饥饿、疾病折磨着他，死亡威胁着他，但在穷乡亲的帮助下，他顽强地活了下来。苦难的生活、悲惨的遭遇、强烈的仇恨使他沉默寡言、孤僻倔强。冷酷的世道是一把尖利的刀子，在他小小的心灵里留下了不可愈合的创伤：没有温饱，只有饥寒；没有幸福，只有仇恨。

11 岁时，杨根思终于离开了他痛恨的羊货郎店，来到太平州（现在的扬中县）一个外号叫“钱拐子”的地主家当上了放牛娃。他每天除了放牛，还要推磨、寻牛草、晒牛屎……干的牛马活，睡的牛窝棚，吃的猪狗食。夏天，蚊虫、牛虻把杨根思身上叮得找不到一块好皮肤。冬天，杨根思一双冻得红肿的脚，只能伸进冒着热气的牛粪里取暖。在地主的皮鞭下，苦难的放牛娃挨过了一天又一天，眼看着杨根思到地主家放牛快满一年了。当初“钱拐子”答应一年给两块工钱，不用几日，杨根思就可以拿到两块钱了。

这天傍晚，杨根思背着满满一筐牛草，牵着大水牛，回到地主家的牛棚。他刚放下草筐，地主背着手、踱着方步走过来了。杨根思知道“钱拐子”常常亲自检查牛草，借故打骂，或是克扣一顿饭，于是没理会他，转身往木桩上系牛绳。杨根思刚系好牛绳，就听见“钱拐子”吼道：“你挑的什么草？这种荞麦秸，牛吃了会中毒。”杨根思回头一看，草筐子翻在地上，地主抓着一把开了花的青荞麦。杨根思不禁愣住了。他忙辩解说这不是他挑的草。“钱拐子”狡黠的眼睛里射出两道凶光：“你想毒死我的牛，还不认账，给我滚。”“钱拐子”把手里的青荞麦秸朝杨根思的身上摔去。

杨根思一听明白了，这明摆着是“钱拐子”为了赖工钱想出的毒点子。杨根思气得颈子上青筋暴起，抓起自己的破衣服离开了“钱拐子”的牛棚。杨根思一年到头辛苦劳作，却被地主讹了工钱，身无分文地被赶了出来。他稚嫩的心里深深打上了阶级仇恨的烙印，这么大的天下，难道就没有自己的立足生存之地？他决定去上海找哥哥。

织地毯的童工

☆☆☆☆☆

杨根思背着一卷破棉絮，登上了去往上海的客轮。船一靠岸，杨根思便被蜂拥的人流推出了码头。

初到上海，在这灯红酒绿的大都市，杨根思只觉得眼花缭乱，分不清东西南北。马路两旁楼房林立，霓虹灯广告耀眼刺目，汽车、人力车横冲直撞……眼前这般情景，和凄凉冷落的羊货郎店完全是两个天地，杨根思怯生生地进入了一个新奇的世界。他带着哥哥托人捎回来的地址，一路打听，也不知穿过多少条马路和多少条弄堂，来到林记地毯厂。小小的杨根思哪里知道，等待他的却是一座阴森可怕的人间地狱。

林记地毯厂规模不算大，两楼两底，一个天井。楼上是老板的住宅，楼下排列着九台织毯的木机。二十几个骨瘦如柴的童工，被关在囚笼一般的车间里，整月整年地干着成年人一样的活。这林姓资本家就是靠着剥削童工起家的。

杨根思找到了哥哥杨龙玺。兄弟俩还没说上几句话，就被地毯厂的老板娘喝住，冲着杨龙玺骂道："侬倒在这里磨洋工？这是哪来的小瘪三，到厂子里来做什么？"

杨龙玺用乞求的眼光看着老板娘说道："这是我老家的亲兄弟，家里遭灾了，想来这里当学徒，求老板娘给口饭吃。"

老板娘鄙视地瞟了杨根思一眼说道："这么小的人，什么也干不了，快点滚。"

这时，碰巧林老板从外面回来，杨龙玺便恳求老板收留弟弟。林老板是个笑面虎，他对杨龙玺说："好说，好说。但是你也知道，我们厂小利薄，养不起闲人啊。不过……"

杨龙玺知道老板、老板娘葫芦里卖的什么药，无非是以此要挟新来的童工延长学徒期限，让他们多刮点油水。他是个认着苦头吃的人，就忙点头说道："只要老板、老板娘肯留下，就多学几年吧。"

老板将兄弟俩领到楼上，从书桌的抽屉里拿出一张"关书"，填上杨根思的名字。"关书"上写着："……进厂学徒，五年满师。在此期间，不得离厂。如遇疾病工伤死亡，命由天定，概与厂方无涉……"杨龙玺抖抖索索地抓着弟弟的手，用食指蘸了一点印色，在"关书"上摁下了一个血红的指印。杨根思不明白学徒为什么还要摁手印，他只知道乡下穷人卖田、借债的时候才兴这个，他绝没有想到，这"关书"就是童工

△ 20世纪30年代的上海

的卖身契。

杨根思随着哥哥来到了车间。车间里高高的机架上吊着五颜六色的毛线球。杨龙玺指着各种工具和机器告诉杨根思："这个绞棒是织毯时用来推绞、拉绞的，这个铁把是用来砸平的，这个大剪刀是用来剪多余羊毛的，机架两旁的大木柱叫机立身，上下的圆木叫机梁，坐着织毯的长木板叫坐板。"杨龙玺知道弟弟的倔强脾气，生怕杨根思受不了欺负学不到手艺，于是劝慰他说："根思，干上两年杂活，老板就会让你上机，学会一门手艺才能混碗饭吃。"

杨根思默默地点了点头。从那以后，林记地毯厂每天干不完的杂活：扫地、抹桌、倒尿盆、洗菜、淘米、劈柴、晒羊毛、绕毛线……全都落在了杨根思的身上。

林记地毯厂的童工们每天天不亮就被叫起来干活，

直到楼上的大挂钟敲过十二下，二十几个童工才拖着困倦的身子从高高的坐板上下来，蜷缩在机弄里潮湿的地上，垫着破草席，盖着烂麻袋片缝成的被子睡觉。早上童工们只能喝两碗散发着霉味、照得见人影的稀饭，就又得爬上织毯机。谁的动作慢了一点，工头的藤条就会落到谁身上。杨根思足足干了三年的杂工，才上机学织毯。林老板规定，童工每人每天要完成一个技术熟练的老师傅每天干的活，织不完就不许睡觉。织毯的时候不许停手，不许讲话。谁要是违反规章，就要惨遭毒打。

织啊，织啊，割不完的羊毛线，诉不尽的苦和恨。

三年间，杨根思看尽了林老板和老板娘的恶行，为了赚钱他们根本不顾工人的死活。与杨根思要好的一个童工小毛头，病了还被逼着干活，最后病死在毛线堆里，尸体就丢在城南的臭河沟里。染毛线的刘老五，被化学染料烧伤后，林老板为了省下医药费，授意工头将他活活闷死在被子里。杨根思再也忍受不了这非人的生活，他想要逃出去。

林记地毯厂有两道门，日夜都用铁链锁着，钥匙由工头掌管。一天夜里，杨根思趁着工头睡觉的时候，偷走了钥匙，悄悄逃出了林记地毯厂。杨根思的心里仿佛搬走了一块大石头，感到从未有过的轻松，但是一想到自己的遭遇，杨根思的心里又一下子变得沉重起来，虽然逃了出来，但是感觉大上海并没有他的容身之地，茫然、漫无目的地走了两天后，又困又饿的杨根思在十六铺码头的一个角落里，被工头带人抓了回来。回到厂里，杨根思被老板娘挥起绞棒和藤条一顿毒打。绞棒打裂了，藤条打折了，老板娘还是拼命地打。杨根思忍无可忍，久久埋在胸中的怒火顿时迸发了出来。他猛一翻身站了起来，从老板娘手里夺过绞棒，狠狠地向她身上抽去。老板娘万万没想到杨根思竟敢反抗，气得两眼直冒金星，发了疯似的操起一把七齿铁耙朝杨根思头上砸去。

杨根思倒在了血泊里，鲜血瞬间染红了地板，染红了羊毛线。

在绞棒、藤条的鞭打下，杨根思渐渐长成了十七八岁的小伙子，性格也越来越倔强。学徒期满以后，他卷起铺盖要离厂。

林老板一改往日的笑脸，阴森地对他说道："翅膀硬了，想飞？天下没有那么便宜的事，要走可以，先把这五年的饭钱还回来！"

△ 1937年日军攻占上海

“什么？我替你做了五年工，没拿一个铜板，还跟我要饭钱！”杨根思额上青筋暴突，气得直咬牙。

“你端的谁的碗？吃的谁的饭？是我养活了你！你从我这里出去，就是到了别的厂，只要我一句话，你就得乖乖地滚回来。”林老板得意地说道。

杨龙玺知道林老板的手段毒辣，怕杨根思砸了饭碗，劝说不让杨根思走。杨根思看着眼珠发黄、一天天瘦削的哥哥，犹豫了。他不是怕老板，而是舍不得老实的哥哥。老板、老板娘把哥哥压榨得只剩下皮包骨头了。杨龙玺带着病上机织毯，老板、老板娘一天也不许他歇，歇一天就得扣三天的工钱。

一次，杨龙玺病得浑身没有力气，直冒虚汗，喘着气伏在坐板上正想歇一会儿，工头挥着黄藤条，嘴里不干不净地骂着奔过来，举手就要打。杨根思一把抓住工头的手腕，用力一扭，疼得工头直叫娘。工人们平时对工头、老板和老板娘的仇恨一下子迸发了出来，全都站在杨根思的周围。自从这件事以后，林老板对倔强的杨根思格外反感，决定把他调出车间，每天去拉四五百斤重的羊毛车，以此惩罚他。

杨根思每天拉着毛线车，从城南走到城北，看尽了这个城市的丑恶。他对这座曾经给他带来谋生希望的城市，越来越失望。他看到：西装革履的日本商人坐黄包车不给钱，还要毒打黄包车工人；外国老板的汽车轧死了中国妇女，警察不但不追究，反而低三下四地向洋老板赔礼道歉……杨根思恨，恨天下富人的心都像七寸蛇一样毒！恨这吃人的世道太不公平！

1937年“七七事变”后，日军发动了全面侵华战争，在中国土地上大肆烧杀抢掠，百姓的生活痛苦不堪。杨根思在拉羊毛车的路上，从报童的叫卖声中，了解到侵华日军的罪恶行径，同时，他也听说了新四军部队夜袭上海虹桥机场、烧毁日军飞机的壮举，他对坚决抗日的新四军充满了崇拜和向往。

1939年，紧张的时局终于波及到死水一潭的林记地毯厂。太平洋战争爆发了，扛着膏药旗的日本鬼子队伍开进了租界。老板和老板娘整天在车间里转，强迫工人日夜赶班。在织完了最后一批地毯后，林记地毯厂宣布关闭，血汗榨尽的工人们，被他们一脚踢出了厂门。

杨根思扶着病魔缠身、生命垂危的哥哥，愤怒地离开了这座人间地狱。

初入军营

一 苦寻新四军

☆☆☆☆☆

1942年的春天，杨根思和杨龙玺搭乘“大裕”号客轮踏上返乡旅途。杨根思想到了离乡背井的八年时光，一团仇恨的烈火正在他的胸中燃烧。他追忆着凄凉冷落的羊货郎店，一间缺梁少柱的破草棚，追忆着在那里度过的苦难童年。八年前，他曾发誓再也不回羊货郎店了，可是生活又逼迫自己走上了回乡之路。今后的路该怎么走？一家的冤仇该怎样报？沉重黑暗的社会就像大山一样，压得杨根思喘不过气来。

回到阔别八年的故乡，杨根思感到一切是那么熟悉，又是那么陌生。八年前的羊货郎店是一座苦难的冰窟，如今展现在他眼前的却是一派热火朝天的抗日景象：村前的白果树上有民兵的瞭望哨，村内一堵堵墙上刷着醒目的抗日大标语。变了，一切都变了。在抗日的烽火中，羊货郎店早已成为苏中抗日根据地的一部分。人民在斗争，天地在翻覆，一股炽热的情感涌上杨根思的心头，他感觉到翻身的希望就在眼前。

这年秋天，南风吹熟了金黄的麦子。伪军来到村里抓丁抢粮，羊货郎店的群众三天两头躲鬼子。杨龙玺病重的身体经不住几次折腾，连惊带吓，含恨离开了人世。祖父、父亲、母亲、兄长……亲人一个个相继含恨九泉。家在何方？如今空荡荡的茅屋里，只剩下杨根思形影相吊。

杨根思失去了所有的亲人，变得一无所有。他恨贪婪的地主、恶毒的老板，恨这个暗无天日的社会。一张张青面獠牙的面孔在脑海中来回盘旋，挥之不去。杨根思的心头堆满了一触即发的仇恨，心里默默自语："血债一定要血来还！"杨根思收拾了一个小包裹，他下定决心找新四军去。

新四军的主力部队到处转战，一时间无法找到。杨根思在同乡的劝说下，先当起了乡基干队员。他身背大刀，怀揣手榴弹，割电线、扒公路、锯电杆、送情报……高大矫健的身影活跃在苏中抗日根据地的敌人据点周围，杨根思将全部身心都投入到了革命事业中，他的生活揭开了新的一页。

1943年的秋天，为了粉碎敌人新的扫荡计划，保卫秋收，区里的干部在羊货郎店召开会议。乡基干队安排了杨根思放警戒哨。杨根思怀揣着手榴弹蹲在高粱田里，监视着通往泰兴城的大路。他目不转睛地盯着，一刻不敢松懈。就在这个时候，一个异常的情况引起了杨根思的注意：南面三三两两走来了二三十个挎篮背筐的"老百姓"。杨根思越看心里越起疑，这伙人鬼鬼祟祟、东张西望，不像是地道的庄稼人。再仔细一看，走在前面的几个人腰间鼓鼓的。其中有一个人撩起衣襟擦了擦汗，就在这一瞬间，杨根思看清了他腰里别着黑乎乎的枪。

"是偷袭队！"杨根思脑中一个闪念，想起了基干队前些天发布的一些情况：自伪军成立了"清乡委员会"以来，手段更加狡猾毒辣，常常派人伪装成老百姓偷袭扫荡，已经有好几个村吃了亏。这时候通知区干部转移已经来不及了。杨根思浓眉一皱，抽出手榴弹，勾上弦子，从高粱地里钻到这帮家伙的背后，"呼"的一声把手榴弹扔了出去。手榴弹冲散了偷袭队，正在开会的区干部听见巨大的声响，及时进行了疏散。偷袭队偷鸡不着蚀把米，夹着尾巴向泰兴城方向逃去。杨根思机智勇敢的快速反应，保证了区队会议的顺利召开，受到了区干部的高度赞扬。

1944年新年刚过的一天夜里，杨根思和基干队员们受命袭扰伪军燕头据点，阻止伪军向十里甸方向增援。杨根思和基干队员披着夜色，

△ 抗日战争时期的陈毅

向离羊货郎店十几里的燕头据点出发。燕头周围一片漆黑，只有据点里亮着几盏鬼火似的灯光。杨根思背插大刀，怀里抱着一颗地雷和另一个基干队员闪进据点周围沟边的树丛中，等待机会把地雷埋到离据点大门不远的地方。杨根思用身体紧紧地护着地雷，趁着伪军哨兵躲进哨棚睡觉的时机，悄悄地奔向埋雷的地点。就在杨根思和那个基干队员蹲在地上准备埋雷的时候，忽然从远方传来了密集的枪声，燕头据点里的伪军顿时骚动起来，紧接着响起了哨子声。

"怎么办？"那个基干队员有点紧张地问。只见杨根思沉着地拿出手榴弹冲出掩体，在据点大门拉开的一瞬间，敏捷地扔出一颗手榴弹。"轰隆"一声巨响，敌人被这突如其来的打击吓得晕头转向。在敌人慌乱之际，基干队员们迅速埋好地雷。一队伪军又壮着胆走了出来，刚出据点不远便踏上了地雷，随着一声震耳欲聋的巨响，前面开路的两个伪军被炸得血肉横飞，其余的伪军吓得仓皇回逃，闹得敌人再也不敢走出据点的大门。在远处的十里甸方向一股冲天的烟柱卷起了耀眼的火光，杨根思他们心里知道那是县独立团端掉了十里甸据点。基干队胜利完成了牵制燕头据点伪军的任务，撤回羊货郎店。杨根思又一次配合区基干队出色地完成了任务。

杨根思快速成长为队里的骨干，但是他不满足于仅仅在后方跟敌人周旋，他想要参加新四军，到前线去冲锋陷阵，杀鬼子报仇。1944 年 3 月，一个振奋人心的捷报传遍了苏北平原——新四军一举攻克了联接苏中、苏北抗日根据地的车桥重镇。杨根思的心里像长了草，他日夜盼望的新四军终于来到了身边，他要去找新四军！

这天，县委发来通知，新四军要扩兵了。杨根思终于盼到了这一天。乡亲们敲锣打鼓，像办喜事一样把“光荣参军”的大红花挂在杨根思的胸前。一股热血流遍杨根思全身，这是渴望战斗的热血，他决心要更加英勇杀敌，不给家乡人丢脸。

“不讲空话，多杀鬼子伪军，不做孬种。”这是他参加新四军时立下的铮铮誓言。

长矛缴枪

☆☆☆☆☆

杨根思参军来到了新四军第一师第一团，“老一团”是个响当当的主力团。1938 年夜袭浒墅关、1939 年火烧虹桥机场的就是这支部队，之后转战苏北，先后参加了郭村保卫战、决战黄桥和在芦家滩痛歼鬼子的车桥战斗。一个个神奇的战斗故事，使杨根思为自己能当上“老一团”的战士而自豪不已。

但烦恼也随之而来。第一次部队发枪，杨根思竟然只领到了一支五尺长的长矛，心里很不是滋味，他打心眼里不喜欢这支“门闩杠”。排长告诉他，“老一团”这支英雄部队最初成立闹暴动时，就是靠着三支短枪、几根长矛、几把菜刀起家，慢慢缴获敌人的枪，一步步发展壮大起来的。排长还讲了当年战士们用长矛练兵缴枪的事迹。排长的一番话，点亮了杨根思心头的一盏灯。杨根思听了很受教育，心里默默地发誓：一定苦练杀敌本领，早日用这小小的“门闩杠”缴获一支真正的枪。

杨根思将长矛当钢枪，请战友教他练刺杀，练射击，给他讲据枪、瞄准、击发的要领。他从班长那儿要来一枚练兵用的手榴弹，整天揣在腰间，一有空就练习投掷。在别人休息的时候，他还在那里摸爬滚打，跑天桥、跳木马、翻单杠。手臂肿了，腿瘸了，仍然继续坚持练。别人劝他休息，他总是笑笑说："不行呀，军事技术不过硬，怎能消灭敌人缴到枪呢？"

在一次训练中，战士们根据班长指定的攻击目标匍匐前进，偏巧在杨根思前进的路上有一堆牛屎。他想，这是战斗，在战场上多赢得一秒钟就能多消灭一个敌人，不能因为怕脏怕臭而丢失战机。于是，他毫不犹豫地从牛屎堆上爬了过去。训练结束后，有个战士笑话他，他却严肃而认真地说："这有什么好笑的，平时当战时嘛。"

晚上，杨根思躺在床上翻来覆去睡不着，心想："我这个人走路脚尖朝里，冲锋没人家快，要是在战场上怎么行？班长说得好，苦练苦练，训练就得不怕苦，只要下狠劲，我不相信我的'里八字'练不成一副'飞毛腿'"。于是第二天开始他每天早起一个小时，偷偷穿上衣服，迎着刺骨的寒风在训练场上一圈又一圈地跑开了。细心的班长一连几天发现杨根思总是在背着大家独自一个人洗脚，生怕有什么秘密让大家知道似的，仔细询问才发现杨根思把脚后跟跑得裂了一道道口子，渗出殷殷的血迹，布袜子已成了烂布片，鞋底也磨穿了。

班长心疼地摇摇头说："真是个倔脾气，脚后跟张了嘴还下狠劲练！"他把自己老婆千针万线新做的一双布鞋和袜子送给了杨根思。

曾经饱尝人世间辛酸的杨根思，捧着新鞋和干净的布袜，难以言表的感情涌上了心头。崇高的阶级友情熏陶了杨根思的心。他把战友都当做亲人，为班里领米领柴，奔波忙碌。班里挑水、扫地、烧洗脚水的事，差不多让他一个人包了。

刻苦的训练换回了骄人的成绩。在一次练兵的演习中，杨根思被指派摸掉"敌哨"。经过观察，杨根思发现"敌"岗哨设在一条两边是河的堤坝上，河面结满薄冰，一丛丛芦苇形成了天然的屏障。哨位的正前方有一道鹿砦。仔细地观察了地形后，他一阵低姿跃进，接着趴了下来，思考着如何完成任务：如果从正面上去，一定会被"敌人"发现；绕道前进，要跑好远的路，不能在限定的时间里完成任务。唯一的办法只有蹚过小河，绕到"敌人"的后面去。

西北风越刮越猛，吹得杨根思不禁打了一个寒噤，但是"冷"字很

▷ 新四军使用过的武器——红缨枪、大刀

快在他头脑中消失。他告诫自己:“这不是演习,是战斗!”杨根思决心从结了薄冰的河面蹚过去。他避开了“敌”哨的正面，沿河边匍匐前进，轻捷无声地涉过了冰凉刺骨的小河。裤子浸湿了，一只鞋陷在了淤泥里，芦根戳破了脚趾，他全然不顾，忍受着刺骨的寒冷、钻心的疼痛，走上对岸，绕到“敌”哨的后面。他借着堤坝的阴影作掩护，悄悄地爬到了“敌”哨兵的脚下，身子紧贴着堤坝的斜面潜伏下来。他发现“敌”哨的警惕性今天特别高，频繁来回走动。根本捞不到背后下手的机会。他屏住呼吸，突然，他想起了“敌”哨前方的鹿砦，于是，拾起身边的一块断砖，向鹿砦掷去。鹿砦发出一阵响声。“敌”哨停止走动，大喝道 :“站住!”就在这一瞬间，杨根思一跃而上，从背后一把揪过哨兵的帽子，捉住了“敌”哨兵，胜利完成了任务。班长在班务会上表扬了杨根思。在一片赞扬声中，杨根思羞涩地笑了，他握紧手中的长矛，期待着真正的战斗。

寒冬的沙沟湖，西北风像尖利的刀子刺人肌骨。趁着夜色，杨根思所在的部队悄无声息地离开固津，向东南方向疾速前进。杨根思扛着一根磨得特别锋利的长矛，迈着大步，紧紧跟随部队向前行进。他只觉得心比平时跳得更快。这不是由于紧张的缘故，而是新战士首次参加战斗的激动。杨根思一路行军一路暗下决心："向老战士学习，勇敢顽强打好第一仗，用手中的长矛缴敌人的枪。"

天亮之后，部队沿沙沟湖一带驻下了。在这里，上级向战士们进行了攻打沙沟伪军据点的战斗动员，传达了沙沟伪军据点的基本情况。

沙沟是淮安、宝应、盐城、兴化之间的一个重要市镇，位于方圆二十余里的沙沟湖中央，成为一个湖心岛，地形十分险要。沙沟湖水澈如镜，两岸芦苇丛生，是个藕壮菱香、鱼美蟹肥的好地方。自从敌伪盘踞以后，在沙沟镇四周筑起一道环镇长堤，堤上碉堡林立，镇内地堡成群，碉堡里的敌人可以用火力封锁住附近湖面。伪二十二师刘湘图部的杨实君充任兴（化）、盐（城）、高（邮）、宝（应）绥靖总指挥，率领一个团的兵力，凭借湖荡天堑和坚固的工事固守顽抗，不断向根据地进行骚扰。他们拦截渔船，劫掳客商，奸淫烧杀，无恶不作，弄得沿湖四乡的老百姓日夜不宁，成为插在苏北根据地里的一根“钉子”。为了巩固苏北抗日根据地，苏中军区决定由“老一团”拔掉这颗“钉子”。

1945年2月22日晚，攻打沙沟镇的命令传来，各营战士纷纷登船，按预定方案进发。三营、二营分别由南北两个方向进攻，一营从西北方向攻击。杨根思所在的三排，担任了这次战斗的“突击排”。

杨根思紧握着手中的长矛匍匐在船头上，屏住呼吸，圆睁大眼，竭力搜索着前方的目标。忽然，杨根思透过夜幕已隐隐约约看到了沙沟镇。正在这时，南北方向几乎同时传来激烈的枪声。船刚抵岸，杨根思所在的三排便一跃而起，猛扑上去，把梯子架上了围墙。一座座矗立的碉堡吐出条条火舌，敌人的火力封锁了前进的道路。战斗进行得非常激烈，守敌里有刘湘图赖以起家的老本——“钢盔连”，凭借精良装备一直打到大天亮。战士们利用匍匐前进的方式慢慢爬到了敌人的碉堡脚下,把手榴弹塞进射击孔。敌人的机枪哑了。一营后续部队蜂拥而上。枪声、手榴弹爆炸声更加激烈，二、三营正向镇中推进。西沟的敌人在一营的攻击下纷纷逃窜。

杨根思盯上一个拿枪的伪军，紧追不放。“缴枪不杀！”杨根思一边追一边喊。他只有一个念头：抓住敌人，把枪缴过来!

那个伪军回头一看，只见一个拿长矛的新四军追他，不由得壮了壮胆说：“你就一个棍子，要缴我的枪，老子要你的命。”其实伪军的枪里早已没了子弹，只是虚张声势地威胁杨根思。

矛头对着枪孔，杨根思的脚步随着对方的脚步移动，两人对峙着转着圈子，都在寻找进攻的机会。只见杨根思把矛头向左虚晃一下，大吼一声：“杀！”却迅即向右刺去。“当”的一声，伪军两臂一拐，用枪托挡开了刺到肋边的长矛，惊出一身虚汗。

漫天硝烟中，喊杀声不断从附近传来。突然间，杨根思猛地挑开枪刺，高喊一声：“班长，你从后面上！”伪军一听背后还有人，不由得心里一慌，刚要回头，杨根思锋利的矛头已经刺进了他的心窝。杨根思一把抓起地上的枪，拂去上面的灰尘，第一杆枪就这样到手了。杨根思用这一根不起眼的“门闩杠”成功缴获了敌人的真枪实弹。怀着难以抑制的兴奋，杨根思继续投入了战斗。

转战江南

转眼抗日战争进入第八个年头，柳丝吐翠，中华大地迎来了新的春天。八年的抗日烽火，把日本帝国主义这头横蛮凶残的野牛烧得皮焦肉烂、气息奄奄。随着世界人民反法西斯阵线的节节胜利，日本帝国主义彻底失败的日子为期不远了。为了夺取抗日战争的最后胜利，党中央决定：扩大解放区，缩小沦陷区。杨根思所在的“老一团”在毛主席伟大号召指引下奉命向江南开去，去收复被日寇蹂躏的河山，去拯救挣扎在水深火热之中的骨肉同胞。

对于南下扩大解放区，杨根思的心里有些想不通，为什么放着泰兴的鬼子、伪军不打，他们在家乡作威作福，羊货郎店的百姓依然生活在苦难之中，杨家三代的冤仇还没报呢！

班长看出了他的情绪，找来杨根思做思想工作。他告诉杨根思，在革命队伍里，每个人都是被压迫的阶级兄弟，作为新四军战士不能只想着个人的仇、家乡亲人的仇，要想想天下劳苦大众，参加新四军是为了民族的解放、阶级的解放。打到江南去，扩大解放区，缩小沦陷区，是为了迅速打败日本强盗，让全民族早日解放，老百姓早日过上幸福的生活。在班长的教导下，杨根思逐渐开了窍，他把当兵为个人报仇的朴素阶级意识，提高到为民族解放、阶级解放的思想境界，革命意识得到了升华。

“老一团”在南下时,战斗序列奉命调整为苏浙军区四纵队十支队。杨根思所在的三连三排奉命负责掩护民工通过敌人的封锁线，把弹药运到江南去。三十多名新四军战士、一百多个支前民工，身背肩挑，夜行晓宿，怀着同一个信念，迈着同一种步伐，向着同一个目标前进。一路上，杨根思不光背着自己的枪，还帮助其他战士背枪、扛弹药箱。肩头磨破了，脚底也起了泡，但是一个坚强的信念鼓舞着他：响应毛主席的号召，扩大解放区，解放江南受苦受难的同胞。

经过十几天的长途跋涉，日夜行军几百公里，杨根思他们三排穿越了敌人的五道封锁线，终于胜利完成了上级赋予的运送弹药的任务。几天休整后，杨根思和他的战友又继续向着浙西天目山区前进。

部队一路南下，到达了浙西。浙西山区像秀丽壮美的山水画卷展现在战士们眼前：重峦叠嶂，群峰巍峨。远山逶迤苍茫，近山峻峭碧翠。潺潺的溪水在山涧流淌，白绢似的瀑布高悬陡壁。山上生长着粗大的毛竹和一簇簇灌木林。鲜红的、金黄的、绛紫的各色野花，一束束、一丛丛地布满了山坡。如锦似绣的山水与人民的苦难生活形成了强烈的对比。富饶的鱼米之乡竟成了贫困、饥饿的地方。曾驻在这一带的十多万国民党顽固派军队，打着抗日旗号，大肆掳掠人民的钱财物质，把粮食抢光吃空。民国三十四年（1945 年），钱粮田赋竟已征收到了民国五十年（1961 年）。可是日本鬼子一来，他们却望风而逃。群众断炊，部队无粮，战士们只能靠挖野菜、煮竹笋充饥。

野菜，对于革命战士而言有着非凡的意义。当年，毛主席、朱总司令在长征路上都吃过野菜，红军正是靠着吃野菜走完万里长征、开展游击斗争的。革命使红军和野菜结下了深厚感情，小小的野菜为革命立下了大功。红军称它为“革命草”。

白天战士们都在山上挖野菜，有马齿苋、乌饭草、青蒿、野芹菜、野蒜，还有一些杨根思不认识。晚上，战士们燃起一堆堆篝火，全班战士围着一锅刚煮好的野菜汤有说有笑，苦中作乐。连队的文书触景生情，朗诵起了陈毅军长参加赣南打游击时写的诗词：

天将晓，队员醒来早。露侵衣被夏犹寒，树间唧唧鸣知了。满身沾野草。

天将午，饥肠响如鼓。粮食封锁已三月，囊中存米清可数。野菜和水煮。

……

叹缺粮，三月肉不尝。夏吃杨梅冬剥笋，猎取野猪遍山忙。捉蛇二更长。

满山抄，草木变枯焦。敌人屠杀空前古，人民反抗气更高。再请把兵交。

……

激昂铿锵的诗句，听起来是那么的亲切，因为这是革命情感的抒发，艰苦卓绝斗争的真实写照。杨根思听着、听着，心里涌起了一股暖流。他在想，我们不正是也像当年的红军一样，在进行着艰苦的斗争。如今，作为老红军部队的一名战士，更要继承红军传统，为了早日打败日本鬼子，解放受苦受难的人民，宁愿吃尽苦中苦。想到这些,他喝着又苦又涩的野菜汤,却觉得香喷喷、甜丝丝。

冲破鬼子、伪军、国民党顽固派的重重封锁，茅山根据地人民翻山越岭几百里，为新四军送来了一批粮食。每一粒米都浸透着根据地人民的汗水和深情。为了迎接即将到来的战斗，上级把宝贵的粮食分到每一个战士手中，要求大家把米做成干粮。

一天，杨根思拎着米袋到群众家借锅炒米。走上石径，穿过一片被砍伐得稀稀落落的竹林，看到山坡上坐落着一间孤零零的破草屋。一位满头白发的老婆婆坐在门口竹凳上，捧着一只空淘箩，目光凝滞，满面愁容。“老妈妈，借您的锅炒米，行吗？”杨根思很有礼貌地说道。

一听革命战士来借锅，老婆婆慌忙起身洗锅。在与老婆婆的交谈中，杨根思得知她的儿子被顽军杀害了，儿媳也被逼跳河自尽，乡保长又三天两头来派捐派税，家中值钱的东西全被抢光了，几个月来没见过一粒米。

破旧茅棚，高粱秸地铺，绿得发黑的野菜汤，母亲憔悴的面容，庄头逼捐的凶相……联想过去，杨根思心头一阵难过，自己家里曾经遭受的悲剧如今又一次在老婆婆家里出现。杨根思默默地解开米袋，把自己的口粮悄悄留下一半倒在了灶台上的瓦钵内。他把炒好的米倒进口袋后，指着盛满米的瓦钵说："老妈妈，这点米你留着吃吧。"老婆婆眼含热泪说什么也不肯收下，嘴角抽搐着说道："不！孩子，你们流血流汗饿着肚子打鬼子，够苦的了，看着你们成天吃野菜，我老婆子心里不忍啊！"说着，捧起瓦钵就要往杨根思怀里送。杨根思的眼角湿润了，他不忍心看到老婆婆挨饿受苦，于是大步走出门，很快消失在了竹林里。

浑身是胆

1945年5月，国民党军第三战区副司令上官云相指挥约十个师的兵力，向我天目山地区大举进攻。为了粉碎顽固派的进攻，新四军部队奋起自卫，十支队在新登与顽军展开了激战。

新登是个群山环抱的县城，城四周的山头并不高，每座山上的敌人都构筑了碉堡。激烈的战斗在城北外围进行着，战士们正在一个山头一个山头地争夺，步步向新登城逼近。

一营经过反复争夺，傍晚时分占领了新登城西外围的一座山头。二连、机炮连扼守山头阵地，三连坚守在山脚下的一个小村子里。此时，三营官兵正在距这个村四五百米远的一个小山包上与敌人展开着殊死争夺，看样子，敌人是盯准了这个山头，要不惜一切代价，穷凶极恶地进行反扑。

夕阳渐渐隐没在群山的背后。突然间三营营部山头上枪声、爆炸声停止了。三营营部阵地告急，一场短兵相接的白刃战正在激烈进行。敌众我寡，情况危急。

杨根思所在的三连奉命向三营营地出击。在二连、机炮连的火力支援下，担当前卫的三排九班飞步奔上通往山头的小路。杨根思冲在最前面，一鼓作气冲到山脚下，山上的拼杀声已经渐渐微弱了。他顾不得歇下来喘口气，第一个冲上山，朝着一群刚要进入工事的敌人猛掷两颗手榴弹。九班的战士们随后端着明晃晃的刺刀冲了上来，和敌人展开肉搏。杨根思刺倒一个敌人后，发现碉堡里窜出一个手提马刀的顽军，慌慌张张地向山下逃去。他举起枪，稍一瞄准，随着一声枪响，那个顽军马刀落地，倒在山腰里。立足未稳的敌人被我英勇的三连战士杀退了。

突然，杨根思听到碉堡里传来几声痛苦的呻吟，他一头钻进了碉堡。碉堡里几个三营的同志倒在血泊中。其中一个同志，脖子被敌人戳了两刺刀，殷红的鲜血从伤口流出，嘴角还在抽搐，可驳壳枪还紧紧地握在手中。杨根思连忙上前将这位同志背在身上，冲出碉堡。

经过三昼夜的激战，顽七十九师的残部被赶到新登以西的山洼里，成为瓮中之鳖。全歼七十九师的战斗正在全面展开。九班的阵地上，杨根思用新缴获的捷克七九步枪不断地射击，正当杨根思打得过瘾的时候，却传来了上级撤退的命令。眼看着敌人将被全歼，却要撤出战斗，战士们都很懊恼，杨根思沮丧得一把抓下头上的帽子。

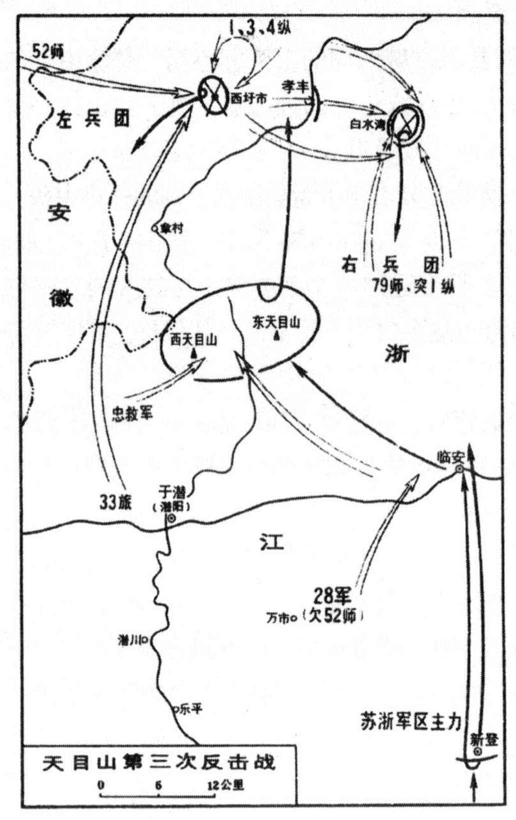

◁ 天目山第三次反击战示意图

6月中旬的浙西，连续下了几天雨，山山岭岭笼罩在白茫茫的湿云雨雾之中。山洪暴发，溪涧里滚动着湍急的浊浪，小河变成了汹涌的激流。一支支队伍在连绵的阴雨中向北行军，大路小径满是脚印。担架队抬着伤员随着大队转移。部队一路走，一路张贴、散发着《告浙西同胞书》，杨根思从一路上熟识的山林、村落判断出部队在后撤，他的心就像阴晦的天气，闷沉沉的，他不明白大部队为什么光撤不打。

班长看出了杨根思的心思，问道："怎么？有什么想不开的？"

“班长，为什么光撤不打，你说这枪是干什么的？”

“枪是打敌人的，该撤的时候就得撤。”

“再撤我就不走了。”

“不走？”刚好走在队伍旁边的营长笑笑说，“你这个愣头青。撤退不是败退，撤是为了更好地打。这叫把拳头收回来，找准时机再狠狠地砸出去！”

杨根思一听，心里头好像一下子亮堂起来：“营长，什么时候‘砸’？”

“等着吧！”营长说得很轻巧。

杨根思兴奋得差点跳起来：“是！”他转身朝前方飞奔而去。

这天，在山下一片开阔地里，四纵队召开了全纵队大会，纵队司令员廖政国、政委韦一平亲自进行了战斗动员。听了司令员的动员，战士们好像眼前拨开了一层云雾，愁眉不展的情绪一扫而光。原来正当我军将要全歼七十九师的时候，国民党第三战区司令长官顾祝同调集了由英国一手装备起来、曾到过印缅战场的“国际突击纵队”前来增援，其他各路顽军也蜂拥而至。在敌优我劣的情势下，根据毛主席的军事思想，集中优势兵力，在运动中各个歼灭敌人，我们开始佯退诱敌，寻机痛歼。

此时，顽固派已占领新登、临安两城，兵分三路向孝丰城进逼。左翼兵团是五十二师和三十三旅，中路兵团是二十八军、“忠义救国军”，右翼兵团是“国际突击纵队”的一、二纵队和七十九师。敌人第一线兵力就有二十八个团。同时，日寇集结两个师团兵力于杭州、吴兴等地，伺机袭击我军侧后。浙西我军仅有十余个团，我军与日、顽兵力悬殊。苏浙军区粟裕司令员决定，避开敌人锋芒，诱敌深入，集中优势兵力，各个歼灭敌人。我军不断后撤，制造假象迷惑敌人。这伙利令智昏、傲气十足的顽军，急于求功，以致分兵冒进，这就为我军予以各个歼灭提供了良好战机。

夜晚，“老一团”顶着细雨从孝丰城出发，准备投入到痛歼顽五十二师的战斗中，走在全团最前面的，正是一营三连三排九班。他们要从敌人中间穿插二十五里，像把尖刀直插桃花山，保证分割围歼战斗的胜利。

一双双穿着草鞋的脚，在石子铺成的小路上飞奔，杨根思紧跟着向导跑在最前面。石子尖锐的棱角戳穿了鞋底，划破了脚板，可是谁也没有因此而放慢急行军的步伐。

忽然前方发现一粒火星忽明忽暗，班长命令队伍停下脚步，观察敌情。经观察，原来是敌人的哨兵熬不住在抽烟。

“把哨兵摸掉！”班长低声命令。战士们匍匐向桥头爬去。敌人有所察觉，大声喊着：“哪一个？”

不容分说，杨根思甩出一颗手榴弹，“嘭”的一声，前面一团火光。杨根思顺势冲向敌人岗哨后面的一排房子。房子里面的敌人丢出一排手榴弹，杨根思机警地扑了过去，连扣扳机，打死了几个敌人。后面班长带领班

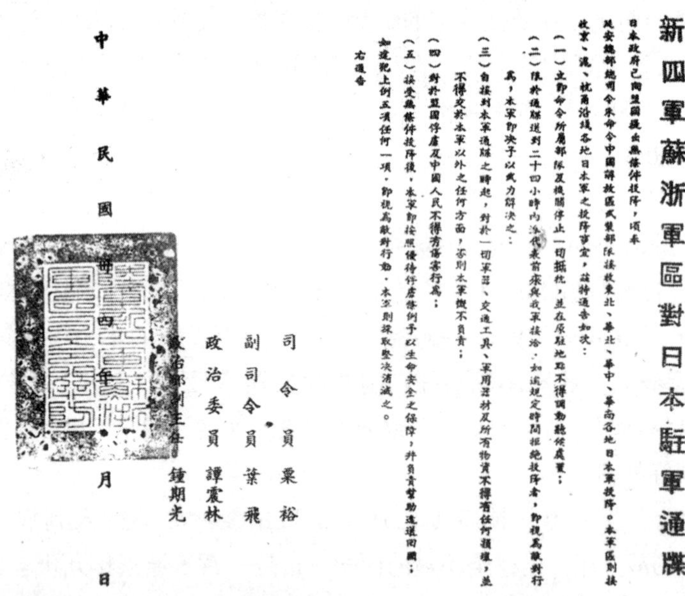

新四軍蘇浙軍區對日本駐軍通牒

日本政府已向盟國提出無條件投降，頃奉延安總部總司令朱命令中國解放區武裝部隊接收東北、華北、華中、華南各地日本軍投降。本軍區則接收京、滬、杭甬沿綫各地日本軍之投降事宜，茲特通告如次：

（一）立即命令所屬部隊及機關停止一切抵抗，並在原駐地點不得調動聽候處置；

（二）限於通牒送到二十四小時內派代表前來與我軍接洽。如逾規定時間拒絕投降者，即視爲敵對行爲，本軍即決予以武力解決之；

（三）自接到本軍通牒之時起，對於一切軍器、交通工具、軍用器材及所有物資不得有任何損壞，並不得交於本軍以外之任何方面，否則本軍概不負責；

（四）對於盟國俘虜及中國人民不得有傷害行爲；

（五）接受無條件投降後，本軍即按照優待俘虜條例予以生命安全之保障，并負責幫助遣送回國；

如違犯上例五項任何一項，即視爲敵對行動，本軍則採取堅決消滅之。

右通告

司令員 粟裕
副司令員 葉飛
政治委員 譚震林
政治部副主任 鍾期光

中華民國卅四年 月 日

△ 新四军苏浙军区对日本驻军通牒

△ 日军投降后，新四军官兵与群众欢庆胜利

里的战友们冲了上来，房子里剩下的敌人吓得浑身筛糠，只能举手投降。

“嘎嘎嘎嘎……”一阵尖锐刺耳的枪声从侧翼传来，两条火舌封锁了穿插的道路。村子西南的一间大房子里，敌人的两挺重机枪正拼命向三连喷火，战士们趴在地上无法前进。

杨根思爬到班长身边说:“班长，给我两颗手榴弹!”在轻机枪的掩护下，杨根思第一个向大房子扑去。

营长来了，焦急地问：“九班长，为什么不行动？”班长手一指，营长看到一个黑影正在向敌人火力点缓缓运动。

营长问：“那是谁？”

“杨根思！”

班长的话音刚落，“轰轰”两声巨响后，敌人的重机枪“哑”了。

部队占领了村庄，向桃花山猛插。三排战士顾不上吃饭，在排长带领下从北坡向桃花山主峰攀登。当九班刚爬到主峰半山腰的一个山包时，班长发现西坡上有敌军在向山上蠕动，他立即命令大家：“注意敌人，一定要抢在敌人前面占领山头！”

桃花山成了敌我必争之地，双方到山顶的距离大约相等。战士们的心就像绷紧的弦。时间就是胜利，一分一秒也不能延误。杨根思敏捷地向上攀登，冲在最前面。他还时不时地回过头把身后的战友拉上去。

双方发起最后的争夺，原先零星的枪声变得剧烈起来。西坡的敌人，一部分继续爬向主峰，一部分敌人居高临下，用火力阻滞我后续部队前进。

杨根思倚着一块大石头同样以俯射火力杀伤敌人，滞缓敌人的行动。在老排长的掩护下，杨根思第一个登上山顶。他朝西坡一看，一拨距离山顶约有九十米的敌人，正挣扎着向上爬。杨根思咬开手榴弹盖，把手榴弹狠狠掷向敌人。随后，九班的战士全冲了上来，他们用一颗颗手榴弹、一排排子弹把企图抢占桃花山的敌人压了下去。

军号声、喊杀声摇山撼岭，胜利的捷报传遍四方，顽五十二师被我全歼，敌副师长韩法致被我击毙。

6月24日，浙西自卫反击战我军以歼敌两万多人的辉煌战果而结束，浙西解放区沐浴在金色的朝晖里。之后，部队广泛开展评功评奖活动。杨根思在这次战斗后被团部批准为“战斗模范”，这极大地激发了他继续建功的动力，像一面战旗召唤着、指引着他永远前进！

这年8月14日，秋风传来一个激动人心的喜讯：日本投降了！人们奔走相告，喜泪盈盈。在中国共产党领导下，中国人民经过八年的浴血奋战，终于赢得了抗日战争的伟大胜利。

屡建战功

红心向党

☆☆☆☆☆

1945 年 8 月 9 日，毛泽东发表了《对日寇的最后一战》。紧接着，延安总部传来了朱总司令连续向解放区所有武装部队发布的七道命令：命令各解放区向日伪军发出最后的通牒，限期向我缴械投降，如有顽抗则给予坚决消灭；命令我新四军部队向中心城市和交通要道进行大举反攻。

向杭嘉湖地区进军! 新四军苏浙军区四纵十支队奉命昼夜行军，向杭嘉湖地区进击，收缴敌伪武装。行军途中，杨根思见到了他崇敬的战斗英雄廖政国司令员，杨根思不止一次听班长说，当年廖司令员曾带兵夜袭浒墅关、火烧虹桥机场，使得日本鬼子闻风丧胆。特别是那段他“独臂”由来的故事永远都忘不了。听老战士讲，事情发生在廖政国当团长的时候。黄桥战役后，那时苏中抗日根据地刚刚打开局面，新四军从顽军手中缴获了大批武器，为了给部队讲解缴获的一种新型手榴弹的构造原理及使用要领，廖政国把部队干部召集到他的屋子里。当他将一颗手榴弹螺丝拆开时，突然里面冒出一缕白烟，眼看一场意外事故就要发生。怎么办? 四周都是人，决不能向外扔。在这千钧一发之际，只见廖政国高喊“注意安全”，迅速跨上身边的桌子，右手高高举起了手榴弹。轰然一声巨响，手榴弹在他的手中爆炸了。周围的人都安然无恙，廖政国的右臂却被炸飞了。后来有人问他："团长，当时你怎么想到让手榴弹在自己手里爆炸，多危险啊！"廖团长笑笑说："当时情况非常紧急，不容我思考，我是一名共产党员，我应该这样做！"

杨根思心里默默念叨着"只要是共产党员，就应该想到这样做！""共产党员"成为杨根思心目中珍贵的、不平凡的字眼。一个蕴藏在杨根思心里的欲望，越来越强烈：人活着，就应该像这些共产党员那样战斗；人活着，就应该一个心眼地革命到底！

"做一个共产党员，把一生献给党"，成为杨根思生活道路上热烈追求的目标。

其实，杨根思早就有入党的愿望，有一段时间因为误会还闹过别扭。那是南下浙西不久，一天杨根思发现班长、陈锦松、王俊几个人，避开班里其他战士，在一座小树林里好像是开什么会，他心里一阵嘀咕：班长对我杨根思信不过，开会还躲起来。好几天杨根思的心情一直不舒畅。后来，他向一个老战士打听，才知道那是他们在开党小组会。他一听心里不由得咯噔一下，过去他总认为新四军和共产党是一回事，当了新四军就是参加了共产党。从那以后，杨根思才知道不是每个人都可以入党，要有条件，得努力争取。

杨根思趁着队伍休整的时候问班长："班长，党员是什么样的人？""共产党员是特殊材料制成的人。"班长引用了斯大林的话，他告诉杨根思，"一个共产党员，心是红的，骨头是硬的，不为个人，遵守党的纪律，不怕牺牲，决心为党的事业奋斗终生！"

"班长——"杨根思说，"我心里早就想入党，就怕不合格。"

"杨根思同志，你积极要求入党的热情是好的，还应该懂得为什么要入党。"班长亲切地说。

"为什么入党？为了更好地干革命！"

"对，是为了干革命，但是这样的认识还不具体。共产党是无产阶级先锋队，为工农闹翻身、求解放、谋利益。过去，党领导我们打日本侵略者；现在，党又领导我们为推翻三座大山、建立新中国而战斗；

明天，还要领导我们建设社会主义、共产主义。加入共产党，就是要为解放全中国，解放全人类，为实现共产主义的远大革命理想而奋斗。”

“班长，共产主义是个什么样子？”杨根思问。

“到那个时候，全世界的地主、资本家都消灭了，没有剥削，没有压迫，大家都过着幸福、美满的生活。”

“班长，我杨根思不会说漂亮话，我发誓:我一定一个心眼跟着党，干革命干到底! ”

抗日战争胜利后，蒋介石疯狂抢夺抗战的胜利果实，在美帝国主义的支持下，积极准备发动内战，消灭共产党，消灭共产党所领导的解放区和人民军队。为避免内战，争取和平，中国共产党执行“针锋相对，寸土必争”的方针。为了力争和平，揭露美蒋反动派的真面目，1945 年 8 月 26 日，毛泽东、周恩来、王若飞前往重庆同国民党进行了为期 43 天的谈判。10 月 10 日,国共签订了《政府与中共代表会谈纪要》(即《双十协定》)，同意避免内战。为了表现我党的和平诚意，党中央决定撤出八个解放区。

10 月下旬，为适应新的斗争任务需要，根据上级指示，我第四纵队第十支队改编为第一纵队第一旅第一团。改编后部队在旅长廖政国的带领下撤离江南继续北上。一路上，细心的班长注意到了杨根思身上的变化。他除了在行军中帮助病号扛枪、背米袋，到了宿营地搞铺草、烧洗脚水之外，还主动团结好新战士。

班里有个新战士曾被伪军拉过壮丁，在伪军里挨打受骂，生了一身疥疮，也沾染了一些旧意识，思想比较消极沉闷。杨根思看到这个新战士愁眉不展的样子，主动找他拉家常，启发他吐苦水、挖苦根。给他讲为谁扛枪、为谁打仗的道理。杨根思认为，要做一名共产党员，不能只想到自己进步，还不能让身边同志掉队。

一天，到了宿营地以后，杨根思捧了捆柴草，在一间空房子里升起一堆火，又舀来一盆热水，把那名生疥疮的战士拉到火堆边，要帮他擦洗。这个战士曾因为疥疮在伪军里被人嫌弃，看到杨根思这样热情，他显得局促不安，慌忙推脱。杨根思拉住他，替他一处处擦洗，还从卫生员那里拿药帮他敷上，这个生疥疮的新战士感动得流下了眼泪。第二天，杨根思看到这个新战士情绪高昂地行进在队伍中，脸上浮现出由衷的微笑。

11月份，部队到达涟水，此时的杨根思已经在党的教育和同志们的帮助下，从一个具有朴素阶级感情的战士，自觉地向着无产阶级先锋战士这个目标前进。党小组一直关心着杨根思的入党问题，经过一段时间的考察，党支部批准了杨根思的入党申请。

当班长把“入党志愿书”交给杨根思的时候，他的眼角湿润了，他不知道此刻用什么样的言语来表达自己的感情。

党啊，是你把我这个受尽地主压迫的放牛娃、受尽资本家剥削的小童工从万丈深渊里救了出来，是你引导我走上革命的路，是你教我怎样做个真正的人。从今天起，我就是一个共产党员了，党叫我怎么做，我就怎样做。党叫我向哪里冲，我就向哪里冲……

杨根思请班长代他在“入党动机”栏里填写上：“跟毛主席，跟共产党革命到底，上刀山，下火海，不变心。不怕苦，不怕死，为推翻三座大山，解放全中国，解放全人类，为共产主义奋斗终生。”意难表，言难尽，还有很多话要对党说，还有很多决心要对党讲。他想了想，又激动地说：“班长，再替我加上一句：‘我决定把这一生都奉献给党，奉献给革命事业。’”

学习爆破

☆☆☆☆☆

冬日，杨根思所在的部队在鲁南大地上继续向北行进，到达了临沂城。“好家伙，你们看——”杨根思的同班战友王俊指着临沂城墙惊讶地说。杨根思顺着王俊指的方向看去，临沂城高大坚固的城墙上被炸开了三丈多宽的一个大缺口。缺口的旁边，崩开的泥土和碎砖堆成了小土堆。战士们被这威力巨大的武器震惊了，杨根思更是好奇地追问团部的参谋：“这是什么武器，怎么看不见碎弹片？”

“弹片？这是可以炸开城墙、炸断桥梁、掀翻碉堡的炸药包！”参谋告诉杨根思。

“炸药包？炸药包是什么？这炸药包是圆的，还是方的？是长的，还是短的？里面包的是手榴弹里的粉末，还是像子弹的粒子？”杨根思的心被炸药包迷住了。“要是学会使用这个宝贝多好啊。炸药包究竟是什么样子？怎么会炸？怎样去炸？……”杨根思沉浸在一连串的苦苦思索之中。

1946 年 2 月，兖州战斗后，华东局和新四军军部发布了以政治练兵为主的“百日练兵”命令。为响应上级号召，团里决定要选派人去山东兄弟部队学习爆破，杨根思第一个报了名。连长和指导员知道杨根思的倔脾气，不弄清楚炸药包是怎么回事他是

△ 新四军战士在学习爆破技术

不会罢休的，于是决定派他到费县新四军第八师去学爆破。

杨根思跟着很多同志到兄弟部队学习以后，才解开了心头的谜。原来炸药既不像手榴弹里的粉末，也不像子弹里的粒子，而是一块一块的，有的像长条年糕，有的像肥皂。有的四两重，有的半斤重。炸药包是靠爆破手送上去的。

在八师学习期间，杨根思一分钟也不肯轻易放弃。听了教员的讲解以后，他总要自己揣摩，反反复复地练。每天除了吃饭、睡觉外，杨根思把全部精力都用在了学习爆破技术上。

一天中午休息的时候，教员林茂成到学员住的地方巡视，大伙儿都在休息，唯独不见杨根思，不仅没见到人，连铺上的背包也不见了。林茂成暗自思忖着走了出来，他绕过一排房子，隐隐约约发现南面的空场上有个人，一会儿猫着腰向前跑，一会儿又伏在地上。林茂成走近一看，这个人正是他要找的杨根思。杨根思并没有看见他，正专心地把背包紧贴着屁股，低姿、跃进，跑了一阵又趴了下来，匍匐向前。虽然季节已经进入初冬，杨根思却练得满头大汗。林茂成明白了，杨根思把背包当做炸药包，在练习上午他讲的内容。林茂成没有惊动杨根思，饶有兴致地在一旁看着。他看到杨根思匍匐前进，把背包放在地上拖着走。于是忍不住地纠正道："不对。这样会把包炸药的布拖破。"杨根思吃了一惊，这才发觉教员来了。林茂成心里十分喜欢这个战士。他走上前，趴在地上，夹起背包，对杨根思讲起要领来……

△ 我爆破分队在进行爆破训练

△ 杨根思所在连队战士们向敌阵地冲击

下午，林茂成把学员们带到一片空场上。他想让大家进行一次试爆，消除一部分人的畏惧心理，同时检验一下前一阶段的学习成绩。

林茂成用探索的眼光扫射着学员的队伍，可以看得出他在物色第一个试爆的对象。

“让我来炸！”杨根思迫不及待地提出请求。

林茂成指着 50 米外的一堵土墙说：“炸掉那垛土墙。要胆大心细，眼明手快。第一次试爆更要沉着。”

“保证完成任务！”像在战场上接受任务一样，杨根思向教员行了个军礼。

杨根思手捧炸药，一阵低姿跃进，紧接着往地上一趴，向土墙迅速匍匐过去，像是穿过了敌人的火力封锁，顺利地靠近了土墙。杨根思将炸药往土墙的缝隙里一塞，从口袋里取出火柴盒，一连划了两根火柴没有将导火索点着。不知怎么搞的，心里扑通扑通的，手也有些颤抖，不听使唤——第一次爆破谁也免不了有点心慌。“如果这是敌人的碉堡……”只是一瞬间，他便镇定下来。导火索终于被第三根火柴点着了，发出“吱吱”的声音。杨根思就地一滚，只听得“轰”的一声，土墙炸塌了，飞起的尘土沙沙地落在杨根思的身上。

训练班结束了。杨根思学会了爆破本领，高兴地回到班里汇报学习成果。他用炸药、雷管和导火索，向战友们演示了炸药的威力，还向班长讲解了爆破战术：炸药靠爆破手送上去，机枪火力掩护，爆破成功以后，突击班要迅速冲上去，不能错过有利时机。在杨根思的推动下，爆破战术很快就在全旅得到广泛的推广和应用。

手榴弹建功

☆☆☆☆☆

国共《双十协定》墨迹未干，国民党蓄意破坏协定，蒋介石不断地调动军队向我解放区进攻。1946年5月，国民党反动派在美帝国主义的大力支持和策划下，公然撕毁停战协定，以围攻中原解放区为起点，向我军发动全面进攻。

为了迎击国民党的大举进攻，山东人民武装部队对胶济线和津浦线上的伪军，发动了讨逆战。

杨根思所在的一团在泰安城与伪警备旅宁春霖部展开了激战。敌军凭借坚固工事和高大的城墙组成的防御体系与我军负隅顽抗，我军各路突击部队以偷袭结合强攻的突然猛烈动作，顺利地通过前沿，突进西关，占领了敌部分房屋，与退守高大建筑物的敌人形成对峙状态。

第二天中午，第一团首先突入伍家庙，杨根思所在的三连接到了新的任务，攻占西关的制高点——天主教堂。

营长亲临前沿，指着前方一座尖塔似的高耸水泥建筑物，对担任突击班的九班说："那里是天主教堂，白天一定要拿下来！占领了教堂，攻城的战斗就解决了一半。"

杨根思仔细观察了一番，尖塔似的天主教堂钟楼是全城的制高点，与城墙形成犄角之势。可以断定，占领了天主教堂就能俯瞰全城，用枪"点"敌人的"名"。天主教堂外面是一片开阔地，再外面是一排民房。民房的

△ 杨根思所在的部队进攻泰安

屋顶上都堆着厚厚的沙包，一群赤膊上阵的亡命之徒在那里架设了轻机枪火力点。民房前又是一片开阔地，通过这片开阔地是很困难的，因为它是敌人正面和侧面火力的交叉点。

敌人正面民房的火力与侧翼城墙上的火力构成一张火网，封锁着民房前的开阔地。开阔地上子弹溅起的泥土四处乱飞。从九班的冲锋出发地到达民房的距离大约七八十米。要攻占天主教堂，首先就得冲过开阔地，摧毁敌人的正面火力点，占领民房。

杨根思穿着装有 18 颗手榴弹的特制背弹衣，手上又抓了两颗手榴弹，趁敌人火力被我军压下去的短暂瞬间，他和班长、几名战士冲了过去，扑到了民房的屋檐下。

“砸门！”班长命令道。

“咚！咚！咚！……”十字镐砸在厚实的门上，木屑纷纷落下来。

敌人居高临下，从房顶上扔下来的一排排手榴弹连续爆炸。铁片乱飞，硝烟卷扬。杨根思和其他战士只好紧贴着屋檐下的墙壁，无法砸开房门。“朝房上扔手榴弹！”班长急了，他指挥大家半蹲在屋檐下，把手榴弹从头顶朝后甩上屋顶。

甩上屋顶的手榴弹大多数都滚了下来，不但没有杀伤到敌人反而给自己造成伤亡。

杨根思急得额头、手心直冒汗，廖政国旅长高擎手榴弹的光辉形象闪电般掠过杨根思的脑海，他想到“共产党员应该勇于牺牲自己、保护同志”！于是跟班长请战：“班长，这样打不行！叫大家靠墙，让我一个人先冲过去牵制敌人的火力！”

杨根思说完纵身一跳离开了屋檐。就在杨根思跳向开阔地的一刹那，敌人侧翼的机枪猛扫过来，但很快被我后续部队的强大火力压了下去。

杨根思站在离屋檐五六米的开阔地上，完全暴露在敌人的火力之下。但他什么也不顾，用牙狠劲地把手榴弹铁盖咬掉，手指一套弦索就投向屋顶。右手刚把手榴弹甩出去，左手又把一枚手榴弹递了过来。一颗颗手榴弹在房顶上开花，瓦片在爆裂，沙包撕开了口……

△ 杨根思部队收复泰安战斗归来

杨根思把房顶上敌人的火力一下子全吸引了过去。子弹呼啸着掠过他的头顶，弹片、泥花在他脚下飞溅，硝烟在他身边腾起。在两名战友的掩护下，杨根思左右移动灵活地变换投弹位置，房顶上铁片、瓦片四处乱飞，不时传来敌人的哀嚎以及沉重的东西滚动、落地声。就在杨根思不断把手榴弹掷向房顶的时候，屋檐下的战士顺利地砸开门冲了进去。

房上的敌人还在顽抗，哑了一阵的机枪又叫了起来。同时屋后的敌人正凭借屋顶的火力，疯狂向进屋的战士反扑。杨根思一摸背弹衣，18 颗手榴弹全打光了。班里的一名战士冒着弹雨把一箱手榴弹送了过来，杨根思继续向房上投弹，将敌人的机枪手端掉后，残敌由民房向天主教堂逃窜。

杨根思把剩余的手榴弹塞进背弹衣，紧跟着班长冲进了民房。民房到教堂之间是一片大约一百米宽的开阔地。在离民房十多米处有一段砖砌的矮墙，教堂前还有一道堑壕横亘着。班长领着全班正要向天主教堂冲去，敌人的机枪子弹像滚水似的射来，矮墙上溅起纷飞的砖块、泥土，大家只好隐蔽在矮墙后面。

杨根思嘴唇裂开了口子，凝着干血，牙齿隐隐作痛，嗓子也干得冒烟，手臂阵阵酸疼。他已经记不清刚才究竟投出去多少颗手榴弹了。

这时，敌人想趁我们立足未稳之际反扑过来，夺回天主教堂的屏障。杨根思忘却了疼痛，一条腿跪在地上，紧握手榴弹怒视着从堑壕里冲过来的一排敌人。在班长指挥下，一排排手榴弹飞向敌群。敌人第二次反击就这样又被手榴弹压了下去，开阔地上的干草、木块、手榴弹柄在燃烧着……

杨根思为了看清前方的情况，在墙后一跳一跳地监视敌人。就在他跳起来向墙头外看的一刹那，敌人一梭子弹打在了矮墙的一端，子弹、碎砖乱飞，崩到杨根思的脸上。他感到左眉、鼻梁处一阵钻心的疼，鲜血瞬间模糊了眼睛。他伸手一抹，满脸鲜血。班长一把将他按在矮墙下，连忙掏出急救包替他包扎，连眼睛也包上了。

“班长，眼睛不能包，包住什么都看不见了！”杨根思急得要扯掉纱布。

班长一把抓住杨根思挥动的手说：“杨根思，你的伤很重，快撤下去！”可他说什么也不肯，连声喊道：“班长，不行，我不下去，我还能打！”在战友的帮助指导下，蒙着眼睛的杨根思相继投出去两颗手榴弹，居然都精确命中了目标。在随后的冲刺中，杨根思再也按捺不住，一把扯掉眼睛上的纱布，跃过矮墙，旋风般地冲向天主教堂。兄弟连队也正从不同的突破点向天主教堂猛烈攻击，终于胜利完成了战斗任务。

这场战斗后，团里油印的套色小报《泰安战斗特刊》上以《战斗模范杨根思——18 颗手榴弹显神威》为题目，宣传了杨根思的英勇事迹。杨根思也首次获得了“战斗英雄”称号。

“三送拉雷”

1946年7月4日，杨根思所在的部队奉命改编为山东野战军第一纵队第一旅第一团。7月12日，国民党50万军队在安徽来安至江苏南通800里的战线上，向苏皖解放区发起了疯狂进攻。

面对国民党反动派的猖狂进攻，党中央和毛主席发出了《以自卫战争粉碎蒋介石的进攻》的指示，号召全党和全体解放区军民团结一致，奋起斗争，依托有利条件，贯彻以歼灭敌之有生力量为主要目标的积极防御方针，集中优势兵力，以争取逐渐改变在军事上敌强我弱的状态，彻底粉碎蒋介石的全面进攻阴谋。

1946年10月6日，纵队获悉驻韩庄敌整编第五十一师、由淮北增调来的整编第二十六师、第一快速纵队，以及驻台儿庄的敌第三十三军等部，将于7日拂晓向我发起进攻，企图占我峄县、枣庄地区。为阻敌进犯，纵队令一旅集结于峄县东北地区待机出击。

10月13日下午，在郭里集战斗中，杨根思所在班受领了突破敌前沿阵地，为后续部队打通前进道路的任务。晚饭前，杨根思从连部领回一个“新鲜玩意儿”，这是个头上圆滚滚、尾巴上插着木柄、重

24斤的铁家伙——大拉雷。这个像大手榴弹似的拉雷，杨根思也是第一次用。

入夜后，部队在霏霏的秋雨中踩着泥泞向郭里集敌前沿阵地进发，当涉过一道不太深的沙河后，部队接近了郭里集敌人的前沿阵地。杨根思和全班战士在班长的带领下正悄悄地前进，突然一道由乱树枝堆成的鹿砦挡住了去路。班长指挥战士刚刚将鹿砦拖开一个缺口，一道雪亮的光柱从前方射来，呈扇形缓缓移动，这是碉堡里的敌人拧亮电筒在观察外面的动静。杨根思和全班战士身体紧贴着地面一动不动。借着敌人手电筒的亮光，杨根思看清了眼前敌人碉堡的位置。

眼前是一条笔直的、浅浅的干沟。沟顶上，两边是生姜田。离第一道鹿砦大约30米处有第二道鹿砦，干沟尽头的土坡上是第三道鹿砦和碉堡。碉堡的火力能控制干沟和开阔的田野。这时，手电筒的光柱消失了，一切又都隐没在了黑暗之中。

杨根思夹着拉雷，紧紧跟在班长身后，向第二道鹿砦爬去。埋在土里的尖利柴尖戳破了他的手掌，钻心地疼。杨根思顾不得这些，一心只想着通过第二道鹿砦，把敌人碉堡炸掉。

沙沙的雨声淹没了战士们拖开鹿砦的轻微声响。大家通过第二道鹿砦后。杨根思正要向敌人碉堡接近，一道雪亮的电筒光又落在鹿砦的缺口上。敌人发现了异常，向缺口处连开了三枪，随后，碉堡枪眼里喷出了一条条的火舌，杨根思抱着拉雷迅速一滚，隐蔽在了暗处。

杨根思心想："坏了！敌人发觉了。偷袭不行，只有强行爆破了！"在战友密集火力的掩护下，杨根思迅速蹿了上去，把拉雷放在第三道鹿砦下，手指套上拉火环，猛力一拉，趴在地上，期待着山崩地裂般的巨响。全班战士们都做好了冲锋的准备，可是，几分钟过去了，除了密集的枪声，听不到任何的爆炸声，这颗雷哑了。这时，连部通信员上来传达了连长的命令：迅速爆破！

"我再去拿一颗拉雷来！"杨根思急得直咬牙。不一会儿，杨根思夹着从别的班拿来的拉雷冒着"嘘嘘"的子弹，顺着壕沟一会儿跃进，一会儿匍匐，又一次接近了鹿砦……时间在一分分地消逝，战士们跨着弓箭步腿都蹲酸了，还是听不到爆炸声。这颗雷又没响，杨根思又气又急，扒住沟壁的手指深深抠在泥里。

战前动员时营长的话撞击着他的心：“这次爆破是全国首次。不仅关系到战斗的成败，付出代价的大小，而且关系到爆破能不能在全军各部队普遍推广开的问题。”

原来，连绵的秋雨让拉雷受了潮。倔强的杨根思不甘心首次爆破任务就失败，又从营部抱回了第三颗拉雷。他趁着夜色在敌人阵地前摸索，他丢下斗笠，转移敌人的火力后，很快接近了鹿砦。当放好第三颗拉雷准备拉弦时，突然产生了一个念头：前两个拉雷引线受潮，如果把它们和第三颗拉雷叠放在一起，准能一起爆炸！想到这里，他把第三颗拉雷放在最下面，前两个放在上面，摆成个倒“品”字形。用鹿砦上的树枝把上面的两个拉雷牢牢支撑住，他猛地一拉弦线，导火索冒着烟，发出吱吱的响声。

杨根思兴奋地跑下来，说：“同志们！上刺刀，准备冲！”

冲天的火光映红夜空，一声异常的巨响，摇撼大地。巨大的烟柱不断地弥漫开来。鹿砦、铁丝网都被炸上了天。伴着砖石、木块瑟瑟地掉下来，碉堡也被炸掉一半。杨根思第一个冲进浓烟。

九班战士像下山的猛虎，直扑敌人的碉堡。军号声声，后续部队像潮水似的拥向郭里集。

在这场战斗以后，兄弟连队来找杨根思介绍爆破经验的人络绎不绝。大家纷纷称赞杨根思是“爆破英雄”。在全团的“庆功授奖大会”上，团首长宣读了团党委的“嘉奖令”：授予杨根思“爆破大王”的光荣称号。

无坚不摧

☆☆☆☆☆

1947年1月，宿北战役大捷以后，鲁南相继告捷：全歼蒋匪美机械装备整编第二十六师和第一快速纵队，缴获大批坦克、大炮，生擒了敌中将师长马励武。鲁南战役胜利在望。此时的杨根思，由于作战勇敢，表现突出，已升任为九班的副班长。

为使华中第一师能全力攻歼枣庄之敌，山东野战军指挥部把攻歼齐村之敌的任务交给了第一纵队。纵队命令第一旅担任主攻，配属山炮6门，开赴齐村执行攻坚任务。1月13日，杨根思所在的第一团集结在齐村5公里外的一座铁桥下。官兵们抄着手，跺着脚，跳着、挤着取暖，等待战斗发起的命令。

齐村是临（沂）枣（庄）线上的军事要地，位于枣庄以西约3公里，由东西两个土围子组成。守敌为整编第五十一师一一三旅旅部率三三七团两个营，外加一个辎重营和一个山炮连。该部刚改装不久，弹药比较充足，以围子为依托，层层设防，构成以鹿砦、战壕、围墙、碉堡、暗堡及坚固建筑物为主体的纵深防御阵地。在此之前，已经被我军整整包围5天的情况下，敌旅长李玉堂仍企图依附工事据守待缓。

第二天，天色微明，各级指挥员冒着刺骨的严寒亲临前沿观察地形，经周密的研究部署，营长赋予三连的任务是炸开围墙，撕开突破口，然后连续爆破敌人碉堡，为全营扫清前进道路。

营长亲自向突击排的爆破手下达任务："第一爆破组组长！"

"有！"杨根思向前跨了一大步。

"好啊，'爆破大王'一马当先！"营长拍着杨根思的肩膀，"有没有什么困难？"

"没有战胜不了的困难！"杨根思铿锵有力地回答道。

接受任务以后，杨根思随即和其他两名爆破手一起研究如何炸开突破口，保证后续部队前进。杨根思拿起一根树枝，在地上边比划边说："这是鹿砦，这是壕沟，壕沟那边是一片开阔地。我们要通过开阔地，才能炸掉敌人的围墙。"摆在他们面前的困难是怎样将重达四五十斤的炸药包运送上去。

杨根思经过慎重思考，想出了把炸药放在木板上，拖着木板上去的办法。

总攻开始了。猛烈的炮火流星似的射向敌人，摧毁了敌部分工事，压制了敌前沿火力点，各突击队在猛烈炮火的掩护下向敌实施突击。

杨根思一个猛扑，"轰"的一声用拉雷炸开了敌人的鹿砦。架桥班不失时机，立即扛着梯桥，穿过爆炸的浓烟，在壕沟上架起了木桥。杨根思和战友拉着装有炸药的木板正要冒着浓烟穿越木桥，突然敌人的机枪以猛烈的火力封锁突破口，企图阻我后续部队跟进，严密封锁了他们的冲锋道路。

杨根思和战友拖着运送炸药的木板，迂回到桥下，从壕沟通过。壕沟两米多深，沟壁陡峭，无法攀登。杨根思和班里的另一个爆破手踩着一个战士的肩膀，依次爬出了壕沟，然后又回头拉上来那名战士。他们拖着炸药板，避开敌人的火力，迅速通过开阔地，选了个安全地点，麻利地搬起一包炸药，蹿到敌人的围墙下面。杨根思放好炸药，指挥战友迅速拉响了炸药包。"轰"的一声，土石乱飞，烟雾腾腾，外围子被炸开几丈宽的缺口。

西北方向传来了隆隆的爆破声。友邻单位的爆破也得手了。

霎时间，火光四起，杀声震天，滚滚的浓烟包围了敌齐村阵地。一营顺利地突入外围子，占领了数十间房屋。后续部队在营长的带领下继续跟进。

东南角两个高碉堡里的敌人，见其前沿被突破，即在核心围子与东门门楼之间的开阔地上以炽烈的交叉火力封锁了部队前进的道路。暗夜里，杨根思从碉堡眼喷出的机枪火力判断了碉堡的位置。

“只有我们的勇敢，没有敌人的顽强！坚决炸掉它！”杨根思掩着炸药板对全班大声说道。在夜色掩护下，杨根思迂回猛扑到一座碉堡前，身体刚要紧贴碉堡壁，只觉得胸口撞到一个尖利的东西。他定睛一看，心里一惊：“刺刀！”原来碉堡里的一个敌人正举枪准备从碉堡里向外射击。杨根思连忙将身体一侧转，一把拉开敌人的枪口，向碉堡里塞进一颗手榴弹。同时，他迅速放好炸药包。轰的一声巨响，碉堡被炸毁。

△ 杨根思生前获得的部分奖章

紧接着杨根思又炸毁了第二个碉堡。后续部队在爆炸的浓烟中向前冲去。此时，友邻部队顺利突破前沿以后，迅速向纵深发展，攻占了东门及北边的全部房屋。

残存的敌人向旅部核心据点仓皇奔逃，全部龟缩在核心工事里。丢弃的汽车、大炮、军需物资，乱七八糟地躺在小围子前的开阔地上。

一团及友邻部队已将敌旅部核心据点团团包围，形成瓮中捉鳖之势。敌旅长李玉堂狗急跳墙，亲自指挥突围，在我军沉重的打击下，突围未遂，包围圈也越缩越小。杨根思仔细观察了地形和敌人的火力点。十字街口有一座大圆堡，旁边三个小暗堡，组织着交叉火力，封锁住一片开阔地。大圆堡的东北面还有一座四方形的大碉堡。

攻击旅部的关键时刻到了，接受爆破大圆堡任务的杨根思带着副手各抱一个炸药包，利用开阔地上的汽车、大炮作掩护，跑到一堵断墙下。他们正要翻过断墙把炸药包送上去，却不想脚下的乱砖、瓦砾一滑动，发出了“哗啦”的响声。响声惊动了敌人，四面火力顿时集中过来，断墙上火星直冒，两个人蹲在断墙后的瓦砾堆上不能动弹。杨根思稍一抬头，一颗子弹擦破了他的耳廓，他只觉得耳朵边火辣辣地疼。

杨根思心里急呀！眼看敌人的火力愈打愈烈，无数根火舌交织在一起，构成了一张张火网，怎么也无法上去。怎么办？杨根思咬着牙，急得心里直冒火。他把炸药包往腋下一夹，倚着矮墙来到了壕沟里。

在壕沟里，杨根思遇到了副团长。

“怎么回事？还不爆破？”副团长问。

杨根思为难地申述起来：“从断墙到敌人的碉堡只有二十米，活动范围这么小，敌人三面火力，没有死角，我请求批准牺牲……”

“不行！要减少不必要的牺牲！”副团长严肃地说，“可以考虑另一种打法。”

副团长根据白天观察的地形，指着圆堡东北面的四方碉堡对杨根思说：“你马上带人把那座四方碉堡炸掉！”

“是！”

枪声、手榴弹的爆炸声更加激烈。照明弹不断升上天空。我军各路友邻部队步步进逼，已插入敌人核心工事的后方。

四方碉堡里敌人的机枪在断断续续地扫射着。杨根思也随着敌人枪声的起落，灵活地变换着自己的位置，一会儿低姿跃进，一会儿匍匐前进。敌人的枪声忽然中断了，杨根思毫不迟疑地揪住这个机会，抱着炸药一口气冲到四方碉堡前。

他支好炸药包，正要拉弦。猛然听得碉堡里的敌人在吵吵嚷嚷，也不见有人开枪。他拉弦的手停住了，侧耳倾听。

“投降还有条活路。”

“人家解放军优待俘虏。”

“早投降早活命，等死不如投降。”

“他妈的，谁想投降就毙了谁！”一个当官的大声斥骂着。

碉堡里死一般的沉寂。杨根思一听敌人吵嚷着要投降，立即捧起炸药包，纵身一跃跳入了交通壕，飞起一脚踢开堡门，好似神兵从天而降，威风凛凛地出现在敌人面前，他大喝一声：“缴枪不杀，谁敢顽抗，统统报销！”说着，将炸药包往左手弯里一夹，右手抓住弦线，做出了要拉的姿势。

杨根思倒退一步，守在碉堡门口，厉声说：“一个一个跑出来，把枪放在碉堡门前！”

只见碉堡里的敌人一个个耷拉着脑袋，有气无力地爬出来，把枪丢在了碉堡的一边。谁知，一出来就是一大批，后面还在陆陆续续地往外爬。原来，四方碉堡直通后面几间房子，房子里的敌人也跟着爬出来了。就这样，杨根思一个人俘虏了一个排的敌人！

正在这时，突击排的战士们也上来了，把俘虏们押了下去。激烈的枪声、爆炸声震荡夜空，喊杀声从四面八方响起，齐村守敌被我全歼！

战后，杨根思被华野政治部评为“华东一级战斗英雄”荣誉称号。

解放全中国

出色的指挥员

☆☆☆☆☆

鲁南战役胜利以后，为适应战争的需要，便于统一指挥，1947 年 1 月，山东野战军和华中野战军统一整编为华东野战军。杨根思所在的部队编为华东野战军第一纵队第一师。此后，杨根思随着队伍转战南北，先后参加战役战斗达数十次，并屡建奇功，由于作战勇敢，他已晋升为三排的副排长。

1948 年 5 月，杨根思所在的部队在黄河以北濮阳地区开展了为期两个月的新式整军运动以后，南渡黄河，奔赴中原战场。

这次南渡黄河之前，杨根思听了首长关于全国解放战争形势的报告，他浑身憋足了劲，像箭在弦上弯弓待发，盼着早一天飞过黄河，为革命再立新功。然而出发之前他却接到了去纵队教导团学习的通知。冲锋、拼刺刀、送炸药包在他心里比什么都高兴，现在要叫他上后方，他心里很不是滋味。

营长看出他的心思，对他说："杨根思，你现在不是爆破手，是指挥员了，不能只想到拼刺刀、送炸药，更要想到怎样去指挥全排四五十个战士参加战斗。党把这些战士交给你，你要爱护他们、教育他们、带领他们英勇作战，要以最少的代价换取最大的胜利，光凭你炸碉堡的那股劲儿，是远远不够的。当一名出色的指挥员，不是简单容易的事，需要学习，学习，再学习！”

营长的话像重锤，一下一下敲在杨根思的心上。渴望战斗的心情使他只想到在敌群中冲杀，而没有想得这样多、这样远而又这样深刻。他心里不由得暗暗责备自己，为了革命的需要，他决定把自己这个“大老粗”变成一名合格的指挥员。

9月，在解放济南的捷报声中，杨根思以优异的成绩从纵队教导团结业，被留在团司令部参谋处工作。

1948年的秋天，全国各个战场到处飞来振奋人心的捷报。战斗的形势以人们意想不到的速度迅猛发展。济南战役之后，国民党采取以退为守的策略，集中几十万兵力，在以徐州为中心的津浦与陇海两条铁路相交的位置与我军决战，以达到控制徐州、巩固江淮、屏障南京的目的。

中央军委依据毛主席关于淮海战役的作战方针，为实现把敌人的主力歼灭在长江以北的战略决策，为夺取全国胜利创造有利条件，决定组织具有决定意义的淮海战役。

11月6日，震惊中外的淮海战役开始了。

国民党徐州“剿总”副总司令杜聿明率领邱清泉、李弥、孙元良三个兵团，共二十七万余人，弃城沿徐（州）萧（县）公路逃窜之后，被我英勇的人民解放军团团包围在徐州西南130华里的陈官庄地区。

在团司令部参谋处里，杨根思的心被前方激烈的枪炮声紧紧地牵住，一个强烈的信念每天鼓动着他：到前方去，到一线去。杨根思回到三连后，开始担任三排排长。虽只短短半年多的时间，却已物是人非。连队很多的同志都英勇地牺牲在了淮海战役的战场上。排里又补充了很多新解放的战士，革命队伍不断地补充着新鲜血液，杨根思感到肩上的担子更重了。

12月15日黄昏，杨根思所在团奉命攻击夏砦之敌。夏砦是个只有二三十户人家的小村庄，坐落在比平原高出两三米的小高地上。匪五军的一部退缩到这里以后，拆毁所有的民房，筑起了坚固的工事，妄图负隅顽抗，村的四周布满了子母堡群，到处纵横着壕堑和鹿砦。每组子母堡群为一个支撑点，由一个母堡和五六个子堡组成，子堡与母堡之间

△ 淮海战役中，我一团一营向黄伯韬兵团在碾庄圩发起攻击

有壕沟相通，火力可以互相支援，交叉成网。

激烈的枪声在村子四周响起。三连的战士运动到庄西北的前沿阵地以后，杨根思正带着九班在河边警戒。

“三排攻击子母堡群，控制全村的制高点！”连长下达了命令。

杨根思带着九班从河边警戒回来时，副排长已指挥八班从正面杀上去了。

八班战士跃过一段开阔地，在一座小土地庙后隐蔽了下来。

杨根思全神贯注地盯着八班前进的方向。他看到第一个爆破组扑上去以后，七八分钟了仍不见动静。敌我双方的机枪互射，六〇炮弹的爆炸声与手榴弹的爆炸声混成震天的巨响。

火光中，第二个爆破组伏倒在地上。

由于敌人的火力太猛，八班爆破没有得手。

为了弄清情况，杨根思冲到了八班阵地上的一个小土地庙里。

八班的三个爆破手已有两个牺牲了，副班长被炸断了腿。阵地上只剩下了两个战士。

杨根思刚帮助把受了重伤的八班副班长包扎好。敌人吆喝着，冲下来一个班，手榴弹在土地庙旁边爆炸。他指挥一名轻机枪手猛烈地向敌人扫射，自己把一颗颗手榴弹狠狠地掷过去。

敌人退缩了，杨根思趁着这个间隙，仔细观察了这组子母堡群的火力分布。从喷射的火光里，他发现了敌人隐蔽的火力点，还发现敌人的火力不但来自暗堡，而且还有从交通壕里打出来的。下午，狡猾的敌人改造了守地地形，所有的隐蔽物都消失了，而且加强了火力，暗堡的死角也无法利用，正面爆破很难接近。

杨根思两道浓眉紧蹙在一起，“声东击西，攻其不备，出其不意！”一个机智的进攻方案在他脑中形成。杨根思从小土地庙迅速返回出击点。带着六班、九班、十班的战士以敏捷的动作又扑到了小土地庙。就在这个时候，敌人又反冲击过来。杨根思高喊一声：“打！”一阵排子手榴弹飞向敌群，轻机枪也同时开火，敌人的火力全被吸引了过来。他把六班、十班分成四个战斗小组虚张声势作正面佯攻。

土地庙一线打得烟雾弥漫，敌人的炮火轰毁了庙顶，砖瓦哗哗地落在地上。趁着敌人正以密集的炮火向土地庙一线射击，杨根思带着加强了自动枪的九班，向左面隐蔽运动，出其不意地冲到敌人左侧背后。一阵排子手榴弹消灭了壕沟里的敌人后，他们猛扑上暗堡群，杨根思一下子冲到母堡，其余的战士分别冲到子堡，几乎是同时把手榴弹塞进暗堡，接着自动枪、步枪对准暗堡枪眼一阵猛射。暗堡里伴随着一片惨叫声，火力中断了。

敌人用一个母堡、六个子堡组成的支撑点被占领了。一部分残敌向第二个支撑点逃窜，杨根思立即指挥火力追击。一队俘虏被押了下去，有的披着麻袋片，有的夹着破棉絮，形容憔悴，狼狈不堪。

杨根思再一次环视了地形，整理好队伍以后，还没顾得上喘息，敌人事先量好距离的各种口径炮一齐开火了。雨点似的炮弹落在了三排刚刚占领的阵地上，火药味浓得使人胸口发闷，呛得人又咳又喘。连部通讯员上来向杨根思传达了连长的命令："巩固阵地，打退敌人反扑！"由于二排长负伤，现二排归杨根思指挥。

"告诉连长，我坚决完成任务！"杨根思说完顺手拣起地上的一顶钢盔扣在了头上。

阵地上火热的弹片在纷飞，好几块弹片落在杨根思的钢盔上哨哨作响。他沉着地把阵地上的战士进行了临时编组，布置好轻重机枪火力，他自己亲自握住一挺缴获来的轻机枪。

炮击刚一停止，在暗堡火力掩护下，第二个支撑点里冲出来一批敌人。

杨根思大吼一声："打！"阵地上密集的子弹像刮起一阵暴风，向敌人席卷而去。

战士们在杨根思的指挥下，越打越起劲儿，炽热的火舌在敌人面前筑起了一道不可逾越的钢墙。在敌人三面火力的攻击下，杨根思带领战士们坚守阵地达六个小时之久，大量杀伤了敌人的有生力量。

由于驻守夏砦的敌人由原来的一个团猛增到一个师，部队奉命撤出战斗。

"一排掩护，二、三排撤退！"通讯员传达了连长的命令。

杨根思马上想到，这个时候更要沉着指挥，有条不紊，稍一混乱就会造成严重损失。于是他一面安排部分同志帮助伤员，将缴获的武器、装备、弹药依次运下去，一面自己仍旧指挥火力与敌人对射来迷惑敌人，不让敌人发觉部队的撤退。

当二排、三排的同志撤到安全地带以后，杨根思才提着一挺轻机枪带着几个战士向后撤。就在这个时候，敌人似乎发觉了，子弹、炮弹雨点般地射了过来。

“咣！”一发炮弹在离杨根思不远处爆炸，飞起的弹片落在了杨根思的钢盔上，钢盔被打得凹进去一块，他连忙带着几个战士跳进了交通壕。此时，杨根思考虑的不是个人的安危，而是担心一排的同志撤不下来。“掩护一排撤退！”杨根思果断地发出了命令。

杨根思和机枪手朝着向一排反扑的敌人疯狂射去，敌人冲杀的嚎叫声逐渐消失了，火力也大大减弱，一排的同志终于安全地撤了下来。一排长对杨根思说："老杨啊，你指挥的这一招‘高’！多亏了你们的机枪掩护，否则我们想撤下来就难啦。”杨根思没有讲什么，被炮火熏黑的脸上露出了一丝谦虚的微笑。

淮海战役第三阶段在继续进行，对敌人的包围也越缩越紧。在十余华里的包围圈里，拥挤着国民党的二十多万残兵败将，他们已陷入弹尽粮绝、山穷水尽的境地，这正是蒋家王朝末日的真实缩影。

1949 年 1 月 10 日，淮海战役以全歼敌人 55 万人的空前胜利结束了。它的胜利连同辽沈、平津两大战役的胜利，三大战役把国民党的主力基本上消灭了，为我军渡江南进，解放全中国奠定了胜利的基础。

战后评功会上，杨根思被华野政治部评为“华东三级人民英雄”。

打过长江去

☆☆☆☆☆

辽沈、平津、淮海三大战役的胜利，使长江以北的解放区连成了一片，全国胜利指日可待。

1949 年 1 月 21 日，蒋介石被迫以“因故不能视事”的名义宣告“引退”，把总统的职务交给了伪副总统李宗仁“代理”，由南京飞往奉化，退居幕后指挥。在美帝国主义的支持策划下，他一面指使傀儡玩弄和谈阴谋，一面拼凑残兵败将，仓促布防于长江南岸，企图依靠长江天堑，阻止解放军南进，以挽救即将倾覆的败局。

在这革命转折的关头，毛主席于 1948 年 12 月 30 日为新华社撰写了题为《将革命进行到底》的新年贺辞，号召全党和全国各族人民彻底推翻蒋家王朝的反动统治，将革命进行到底；号召中国人民解放军打过长江去，解放全中国。

“……几千年以来的封建压迫，一百年以来的帝国主义压迫，将在我们的奋斗中彻底地推翻掉。一九四九年极其重要的一年，我们应当加紧努力……”杨根思认真地学习了这篇文章，下定决心要将革命进行到底，他在自己一本红布封面日记本的扉页上工整地写下：

我是无产阶级的革命战士，要坚决将革命进行到底！

杨根思

一九四九年一月

这就是在革命的转折关头，杨根思对党立下的铮铮誓言。

根据中央军委关于中国人民解放军实行统一整编的决定，杨根思所在的一团于 2 月 27 日整编为第三野战军第九兵团第二十军五十八师一七二团。

1949 年 3 月，人民解放军向长江沿岸胜利进军了。

江北的条条道路上，滚动着川流不息的炮车、辎重车。战马嘶鸣，风一般疾驶在辽阔的原野上。成千上万的民工们，推着小车，抬着担架，赶着牛车，随军南下。战士们排列成十几路纵队，掮着枪、扛着炮，迈开矫健的步伐，唱起雄壮的战歌。

3 月中旬，杨根思所在的部队一路向南挺进，到达了扬州东南的沿江一带。

△ 杨根思所在的一七二团官兵在进行渡江登岸后隐蔽疏散训练

长江天堑横亘在三排战士的面前，浩渺无际，水天相接，激流滚滚，白浪滔滔，它究竟有多宽、多深，水流有多急，浪头有多大，对大多数出生在北方的战士来说，都是猜不透的谜。

不少战士对长江产生了几分畏惧心理。杨根思把战士们召集起来，请船工、渔民介绍长江的水情和行船的经验，他也谈了自己北撤时过江的体会。这样，使很多第一次看到长江的战士消除了顾虑，坚定了信心。

渡江作战的准备在紧张地进行着，通江的内河里，桅杆林立，船只成行，一派火热的练兵景象。

天气乍暖还寒，阵阵江风吹来，使人发抖，杨根思却光着上身，穿着一条短裤泡在冰凉的水里。不管是阴雨连绵，还是阳光普照，他一天都要泡上两三个小时，他要把自己这个“旱鸭子”变成“水鸭子”。在杨根思的带动下，三排的战士在很短的时间里，人人学会了泅水，还涌现出许多能够驾驶船只的水手。

1949年4月21日，国民党拒绝在国共双方拟定的“国

△ 一七二团官兵举行誓师动员大会，全体指战员高呼：“打到江南去，解放全中国”

△ 1949年4月22日，杨根思所在部队官兵冒着敌人的炮火渡江前进

△ 一七二团一营渡江突击队员在江苏扬中万福桥登陆

内和平协定”上签字，毛主席和朱总司令向中国人民解放军发出了《向全国进军的命令》：“奋勇前进，坚决、彻底、干净、全部地歼灭中国境内一切敢于抵抗的国民党反动派，解放全国人民，保卫中国领土主权的独立和完整。”

杨根思带着三排的战士，挺立在渡江的大军之中，面对滔滔江水，紧握拳头庄严宣誓：“我们是光荣的中国人民解放军，我们是毛主席、朱总司令的战士，在党的领导下，我们坚决打过长江，进军江南，全部消灭蒋匪军，解放京沪杭，解放全国人民。”

庄严的誓词和着满江的涛声震撼长空。雷霆万钧的强大炮火，拉开了百万雄师渡江的序幕!

杨根思和他的战友们渡江到扬中，又飞渡夹江到达镇江、丹阳地区，紧接着向南勇猛追击。

4月23日，中国人民解放军攻克了南京国民政府，伪总统府门楼上的国民党旗像秋风中的落叶一样飘零下来，统治中国22年的蒋家王朝宣告覆灭了！

喜讯鼓舞着各路追击大军，杨根思所在的部队在追击途中，杨根思升任了三连副连长。

杨根思和战友们一路穿过长兴、吴兴、杭嘉湖地区，朝着上海前进。

炮声隆隆，枪声密集，淞沪围歼激战正向着上海市区推进。杨根思所在的部队，夺下了遍布钢筋水泥地堡的阵地，歼灭了浦东的敌人。其他各路大军也纷纷突破敌人的防线，进入繁华的市区。

5月27日，上海被解放。红旗插上了摩天大厦，欢呼胜利的巨幅标语，从高楼顶端悬挂下来。上海沸腾了！五百万人民沉浸在欢庆解放的激情之中。秧歌队、腰鼓队川流不息，马路两旁汇聚着数不清的欢迎人群，歌声、锣鼓声、口号声响成一片。一队队身穿草绿色军装的解放军战士，高唱《三大纪律八项注意》歌，迈着整齐的步伐行进在宽阔的马路上。

杨根思再次回到上海，周身激情奔涌。他回想当年在这里，挨过资本家的绞棒、藤条，挨过鬼子的枪托、

△ 1949年5月21日，杨根思所在的五十八师奉命围歼浦东之敌。图为官兵们向上海市区攻击

◁ 上海市民游行欢庆解放

巡捕的木棍。自己反抗过，也恨不得一拳砸烂这吃人的世道，最后是带着一腔仇恨离开的。

穷人的活路在哪里？是党给自己指引了一条革命的路。这条路艰难而又崎岖，弥漫着硝烟战火，充满着流血的斗争，但是这是劳动人民翻身求解放的唯一道路！如今上海解放，全国解放，这只是万里长征走完的第一步，今后的道路还十分漫长，杨根思决定要坚决跟着党走下去，永远地走下去！

炸开新的“碉堡”

☆☆☆☆☆

1950年的春天，东海之滨战歌激昂，一派火热的练兵景象。浅滩上一排排的战士涉着冰凉的海水演习滩头攻击；波涛汹涌的海面上，一只只训练的木船在浪峰波谷间颠簸。杨根思率领爆破队不畏严寒和惊涛骇浪在海上进行水上障碍物的爆破训练。曾经征服过高山大河的战士们，如今又要征服这辽阔的海洋。

一天紧张的海上训练结束了。在返回宿营地的途中，不知疲倦的战士们一路高歌。杨根思却心情沉闷，好几天来，他都在为一个问题苦恼着。因为每次训练结束后杨根思要向营部写训练报告，每到这个时候杨根思心里就犯难，不得不把文书找来。在旧社会，他放牛、做工，从没读过一天书；入伍以来，在行军打仗间隙只零零星星学会几个常用的字，所以连一份简单的训练报告也写不出来。

训练海上爆破，上级专门印发了材料，他根本不认识，只好叫文书读，自己做示范动作，心里很是别扭。

没有文化就学不好革命理论，学不会现代化的军事科学。新中国已经建立了，革命以后的路程更长，任务更艰巨，没有文化就不能更好地建设新中国。杨根思心里暗下决心："非学好文化不可！"

就在杨根思渴望学好文化的时候，上级发出了"学习文化，扫除文盲"的号召。一个群众性学文化的热潮就要在全军掀起。

7月的一天，团部召开连以上干部会议，会后，张雍耿政委把杨根思留下来。

"杨根思，又要'打仗'了，你这个战斗英雄打算怎么样？"政委亲切地问。

"打仗？"

"是'打仗'，这是一场新的战斗。我们全团有40%左右的人是文盲，毛主席说过，'没有文化的军队是愚蠢的军队，愚蠢的军队是不能战胜敌人的'。'文化'就像一座新的碉堡横在我们前进的路上，要我们去攻克。"

"首长放心，杨根思坚决炸掉这个新的碉堡。"

张雍耿政委高兴地点了点头："怪不得人家给你起了个绰号叫'三不相信'。你要用你那股'三不相信'的精神顽劲头去学。战斗中你是英雄，学习文化坚决也不能落后啊！到时候我亲自检查你的学习效果。"

杨根思从团部回到连里，一进门就兴冲冲地拉着文书帮他写一份个人学文化计划。根据杨根思所谈的内容，文书很快把学习计划写好了，杨根思还要文书做他的学习监督人，并写进了计划书里。

第二天，连里的墙报上贴出了杨根思的学习计划，吸引了很多战士。计划上写道：

（一）上文化课，没有特殊情况决不缺课。

（二）不懂就问，多学多问。

（三）每天至少要学5个生字。

（四）生字非但要认得，还要会解释、会用。

预定要求：短时间内会看党报和通知，能写信和写报告。

为了攻克文化关，他不知牺牲了多少休息时间。白天带领战士训练，晚上还要坚持两个小时的文化学习。杨根思的学习计划，逐渐由每天学会5个字增加到10个字、15个字。用他的话来说，"每天要消灭15个敌人"。

现在杨根思已经能基本看懂团报——《前锋报》上的短文章了。

一天晚上,在一盏小油灯下,杨根思与文书头靠着头,一个教一个学,十分专心。桌上的小闹钟“嘀答嘀答”发出有节奏的声音。

“你先睡吧!”杨根思对文书说。

文书连连打着哈欠却不肯先睡,他知道副连长不完成今天的任务是决不肯上床。他扭头对杨根思说道:“我在床上靠一靠,有不认识的字就叫我一声。”

文书没脱衣服,躺在床上想稍微歇一歇,谁知一会儿工夫就睡着了,白天的训练使他太疲劳了。杨根思替他脱掉鞋子,盖好被,又坐在油灯下专心地学了起来。15个生字全会读了,但是还要会写、会用,杨根思不厌其烦地读着、想着,最后摊开习字本,打算工工整整地再抄写几遍。

油灯不时爆裂出小小的火花,闹钟的时针已指到了十二点上,“嘀答嘀答”的钟声越来越单调。写着写着,杨根思只觉得眼皮往下坠,脑袋像灌了铅一样,不时点着头,身子好像坐在海上训练的木船里,晃荡着,晃荡着。此时躺在床上的文书已经迷迷糊糊地睡着了。他翻了个身,隐约闻到一股布焦味。他睁开惺忪的睡眼,发现屋子到处弥漫着红光和烟雾,一下子惊醒过来。再一看,副连长伏在桌上睡着了,帽檐碰到灯焰正在燃烧。“副连长!副连长!”文书大叫着,被子一掀,像身下安了弹簧一样跳了起来。

“什么情况!”杨根思从梦中惊醒,习惯地往腰间摸枪。

“帽子!帽子……”文书赤脚奔过去,一把将他头上烧着了的帽子揪下来,连拍带打。

帽檐已被烧掉一大半,还在冒着一缕青烟。杨根思伸手一摸,头发也烤焦了一撮。他看看文书,文书看看他,两个人禁不住全笑了起来。

第二天一早,杨根思深夜学习烧掉帽檐的小故事,在全连传开了。不久,团《先锋报》上在显著的位置刊登了《杨根思学文化》的报道。

八一建军节这天,全师总结了前一阶段学文化的成绩,举办了展览会。展览会展出了杨根思的学习本。师长黄朝天在军人大会上表扬了战斗英雄杨根思是全师的学习标兵。

登高远望

新中国成立前夕，全国、全军轰轰烈烈开展评功评奖活动。

1950 年 5 月，杨根思参加了 20 军首届英模大会，被选为出席华东军区英模代表大会代表。8 月，在华东军区英模大会上，他又被选为出席全国战斗英

△ 出席全国英模大会的解放军英模的合影（第二排右六为杨根思）

雄和劳动模范代表会议的代表。

9月，杨根思带着战友和首长们的嘱托，到祖国的首都北京去参加英雄的聚会。在开往北京的列车上，杨根思眺望着窗外熟悉的土地，追忆着这些曾经战斗过的地方。心中不禁感慨道：变了！一切都变了！灾难深重的旧中国已经一去不复返了。高大的厂房、林立的烟囱、层层的脚手架、横空的高压线，祖国处处呈现出繁荣昌盛的景象。九月的田野稻浪泛金，棉田铺雪，高粱似火，豆荚摇铃，到处热气蒸腾，到处沐浴着灿烂的阳光。眼望祖国的大地，生气勃勃，一派火红，杨根思不禁想到了那些为了新中国诞生而献出宝贵生命的战友们。他在想：真正的荣誉应该属于那些为革命牺牲的同志。今天，党给了我这么高的荣誉，我要做党忠诚的战士，永远跟随党前进！

9月22日，来自全国各地的战斗英雄、劳动模范代表们汇聚在丰台，随后光荣地登上了由“毛泽东号”机车牵引的专列驶向北京。下午5时30分，专车到达红旗招展的前门车站。五千多名欢迎英模的群众挥动着花束，口号声此起彼伏。中央人民政府政务院副总理董必武同志和其他中央首长在车站隆重欢迎全体代表。

欢迎的人群把花朵、花瓣撒向英雄的行列。英雄们就像百花丛中最鲜艳的花朵。

九月的北京城，焕发出了革命的青春，到处是招展的红旗，到处是欢迎英雄、模范的标语，到处是笑意盎然的人群。杨根思沉浸在幸福、激动的情绪中。

9月26日，最激动人心的消息传来了：在全国战斗英雄和劳动模范代表会议的开幕典礼上，伟大领袖毛主席将会见全体代表！暴风雨般经久不息的掌声、欢呼声响彻整个代表驻地，每名代表的脸上都洋溢着不可抑制的兴奋。杨根思与同房间的三个代表换上了最新的衣服，佩戴上各种纪念章，衣角扯了又扯，军帽掸了又掸，他们要以最严整的军容接受伟大领袖毛主席的检阅。

下午4时，八百多名战斗英雄和劳动模范齐聚怀仁堂，在掌声和欢呼声中，伟大领袖毛主席、朱总司令和其他中央首长健步登上了主席台。

杨根思看到了毛主席伟岸魁梧的身躯，宽阔聪慧的额头，洞察风云的眼睛，神采奕奕的面容。敬爱的毛主席向着代表们时而鼓掌致意，时而挥动着扭转乾坤的手臂，频频招手。此时此刻，杨根思的周身热血沸腾，激动的情绪无法自已，他踮起脚，屏住气，一个劲儿地鼓掌，他感到自己是世界上最幸福的人！

伴着庄严的乐曲，各兵种的战斗英雄代表和各行各业的劳动模范代表纷纷走上台去，向伟大领袖毛主席献旗献礼！毛主席和朱总司令与代表们一一亲切握手。全场爆发出一阵更热烈的掌声。掌声过后，毛主席站在主席台上，代表党中央向大会致祝词："……你们是全中华民族的模范人物，是推动各方面人民事业胜利前进的骨干，是人民政府的可靠支柱和人民政府联系广大群众的桥梁。"

"中国共产党中央委员会号召全党党员和全国人民向你们学习，同时号召你们，亲爱的全体代表同志和全国所有的战斗英雄、劳动模范同志们，希望你们继续在战斗中学习，向广大人民群众学习。只有决不骄傲自满，并且继续不疲倦地学习，才能够对于伟大的中华人民共和国继续作出优异的贡献，并从而继续保持你们的光荣称号……"

伟大领袖毛主席的亲切关怀和谆谆教诲，给予了全体到会代表巨大的鼓舞和鞭策。杨根思更是感到自己充满了无穷的力量，这种力量能够战胜一切艰难困苦，能够战胜一切凶狠顽强的敌人。

接着几天来的战斗英雄会议典型介绍，杨根思专心地听着每一个代表的发言，思想的潮水时刻都不能平静。特别是全军闻名的拼刺英雄刘四虎的典型介绍，紧紧抓住了杨根思的心。刘四虎左眼失明，满身伤痕。头上、脸上被敌人刺过五刀，脖子、腹部、左肋每处被刺一刀，左手被刺三刀。在围歼敌整编二十九军的宜川战役中，一粒子弹从他的左眼与鼻梁之间正面打进去，从耳后穿了出来，右脸和右眼严重负伤，右腿上被两个子弹打了四个洞。累累的弹痕和刀疤记载了刘四虎英勇无畏、奋勇杀敌的战功。

英模大会上，汇聚着多少令人可敬可佩的英雄啊！有在攻坚战中连续爆破 12 次的爆破大王；有只身深入敌阵，夺取机枪，智取碉堡的孤胆英雄；有 120 颗子弹消灭 110 个敌人的神枪手；有银须飘洒、73 岁的老模范；还有海上、工兵、炮兵、坦克各路英雄……

最让杨根思感动的是董存瑞烈士的英雄事迹。在听了董存瑞生前的战友郅顺义同志介绍了董存瑞舍身炸碉堡的英雄事迹后，杨根思的心像一团火在燃烧。他仿佛看到导火索吱吱地冒着白烟，急速地燃烧着。杨根思的心在紧缩，因为他知道导火索燃烧的时间只有短短的七秒钟。就是这短短的七秒钟是董存瑞生命的光辉顶点！杨根思心里默默地想着：只有像董存瑞这样全身心沉浸在共产主义事业之中，为实现人类最美好的理想不怕粉身碎骨的战士，才是最伟大、最光荣的人，这样的生命才是最有价值、最光辉的生命。

10 月 1 日，盛大的国庆周年大典在天安门广场举行。杨根思和全体英模代表登上了天安门前的观礼台。礼炮齐鸣，军容整齐的步兵、炮兵、摩托车队、骑兵，高擎着八一军旗接受着祖国的检阅。

在随后召开的大会上，杨根思听了中央首长的报告，得知美帝国主义侵入朝鲜并以台湾归属问题“未定”和使台湾海峡“中立化”为借口，派其驻菲律宾的海军第七舰队侵入台湾和台湾海峡，干涉中国内政，阻止中国人民解放台湾。美国侵略军不顾中国政府的一再警告，悍然越过“三八线”，占领平壤，随即大举北犯，把战火燃烧到鸭绿江边和图们江附近，严重地威胁着我国的安全。

“中国人民决不能容忍外国人侵略，也不能听任帝国主义对朝鲜人民进行野蛮的屠杀而置之不理！”周总理宣读第一届国庆节文告的洪亮声音，久久响在杨根思的耳边。怒火在杨根思的心中燃烧，他在心中

△ 杨根思在英模大会归来后给部队作报告

默默地发誓道：只要帝国主义存在一天，我们就战斗一天。不消灭帝国主义，决不放下手中枪！坚决要求到打击美国侵略者的最前线去！

10 月 2 日，全国战斗英雄和劳动模范代表会议胜利闭幕，英雄们把保卫祖国、消灭美国侵略者的决心写进致毛主席的信中，写进告全国人民书里，刻在自己的心头。杨根思带着钢铁的意志和无穷的力量离开了北京。

就在杨根思离开北京返回部队时，部队已经从江苏昆山火车站登车北上，到达了山东兖州地区的姚村一带集结待命。

杨根思从北京回来的消息像长上了翅膀一样飞遍了兖州以北的小村庄，全连的战士们从四面八方赶到村口的空场上集合好队伍，欢迎从北京归来的英雄——杨根思。杨根思兴奋地把在北京的见闻向分别一个多月的战友汇报，并把会议精神在连队进行了认真传达。他还把从首都北京带回的纪念品分赠给大家，把幸福和荣誉与战友们分享，自己只留下了全国战斗英雄纪念章和纪念册。

一天晚上，他热情地邀请本连的连、排干部及班长骨干到一间空房子里，说是开个碰头会。营长和教导员本来是来三连传达上级的一项决定的，也被请了过来。一进门大家不由得都怔住了，司务长把一盆盆菜端上了桌子，原来杨根思用自己的津贴费请大家喝杯酒。就在这次小小的"宴会"上，杨根思饱含深情地对大家说："今天请你们来，就是想汇报汇报我的思想。我这个战斗英雄不是石头缝里蹦出来的。这次上北京出席全国英模大会，幸福地见到了毛主席，是党的培养、首长的教育和同志们帮助的结果，荣誉应该归于大家。在北京我见到了许多英雄，听了他们的介绍，心里很感动。过去我有些自满，参加完这次英雄模范大会才发现，我算什么英雄？跟其他英雄一比，差了一大截。跟他们一比，我才看到自己还有很多缺点。"

同志们都感觉到，杨根思在毛主席的身边上了深刻的一堂课，思想在飞跃，胸怀更宽阔。他们坚信，这样的英雄一定能像一粒火种，点燃每个战士的心，一定能带出一个祖国人民信得过、党放心的英雄连队。大家围绕杨根思的发言，纷纷表决心，小小的"宴会"成了动员会、决心会、誓师会。就在这时，营长和教导员向与会的全体同志宣布了团党委的决定：任命杨根思为三连连长。

壮丽人生

一 入朝作战

☆☆☆☆☆

腥风血雨席卷着朝鲜三千里的江山，硝烟战火弥漫在滔滔的鸭绿江两岸。

中朝两国山水相依、休戚与共，四亿七千五百万中国人民的心与朝鲜人民的心紧紧相连。

1950年6月，南北双方武装冲突频频不断、逐渐升级，朝鲜战争拉开了序幕。美国随即打着联合国的旗号公然出兵干涉，长驱直入越过“三八线”、占领平壤。不顾中国政府的一再警告，将战火烧到了鸭绿江边，企图以朝鲜为跳板，进而侵略中国，把刚刚诞生的新中国扼杀在摇篮之中。在朝鲜人民反侵略战争的紧要关头，在中国领土面临严重威胁的时刻，伟大领袖毛主席发出了“抗美援朝，保家卫国”的庄严口号，全国人民坚决响应党中央的号召，掀起轰轰烈烈的抗美援朝运动。中国人民的优秀儿女高举国际主义和爱国主义旗帜组成了中国人民志愿军，于1950年10月19日跨过鸭绿江，开赴朝鲜前线，同朝鲜人民一起抗击美国侵略军。10月25日，抗美援朝战争正式爆发。

11月3日，中国人民志愿军第九兵团命令二十军立即开抵辽宁省辽阳地区集结，进行短期整补后准备入朝作战。5日，满载志愿军的列车，从兖州

△ 杨根思所在的部队召开抗美援朝动员大会

长驱北上。在皇姑屯车站部队突然接到了上级关于入朝作战的紧急命令。在此情况下，杨根思在车厢向战士进行入朝作战的紧急政治动员。动员后，连队的干部战士们个个义愤填膺，群情激昂，摩拳擦掌，求战心切，纷纷表达了消灭美帝国主义侵略者的决心。

部队入朝前，首批入朝的中国人民志愿军和朝鲜人民军在第一次战役中，一举击溃了侵犯到鸭绿江边楚山等地一带的美伪军。解放了清川江以北的大片土地，将敌打回清川江以南。战役于 11 月 5 日结束，歼敌 1.5 万余人。敌人虽遭此挫折，但并不死心，依然气焰嚣张，又集结朝鲜战场可动用的全部兵力，由清川江以南，气势汹汹向北冒进。妄图迅速占领全部朝鲜，试图挽回败局。

战火燃眉，刻不容缓。列车以最快的速度驶进了辑安（今吉林集安）车站。杨根思带着他的连队出了车站，迅速向指定的集结位置赶去。到达指定的集合地点后，杨根思安置好战士，便急匆匆向营部走去。他找到营长，二话没说，把手一摊："营长，为了打好出国第一仗，为了替朝鲜人民报仇，我要求营党委把最艰巨的任务交给我们三连！"

"你这包炸药，捻子又点着了？"营长很了解杨根思的心情，"艰巨的任务少不了你们三连。当前的困难就很严重。团首长讲了，跨过鸭绿江我们就要准备战斗。供给站来不及设置，粮食供应不上，冬季装备更来不及补充，此外还有其他很多意想不到的困难，一时都不易解决。但是我们不能等困难解决了再过江。"

"打仗，又不是大姑娘出嫁，尽涂脂抹粉是不行的。"杨根思说。

"我们一定要充分地估计到各种必然遇到和可能遇到的困难。给战士们讲清楚，要有战胜一切艰难困苦的精神准备。"

"营长，我懂！"杨根思坚定地说，"困难是豺狼，不战胜它，它就会吃掉你。只要有一个坚强的意志，就不怕九十九个困难。"

"对，你要把这两句话变为全连的自觉行动。"营长看着他赞扬地说。

11月7日黄昏，出发的命令传来了。部队集合在鸭绿江边，即将出征的指战员们怀着忠于祖国人民和朝鲜人民的赤胆忠心，高擎钢枪，庄严宣誓："我们是中国人民志愿军，为了反对美帝国主义的残暴侵略，援助朝鲜人民的解放战争，保卫中国人民，保卫朝鲜人民，我们志愿开赴朝鲜战场。在金日成同志领导下，与朝鲜人民一起，和朝鲜人民军并肩作战，为消灭共同的敌人，为争取共同的胜利而奋斗！"

杨根思随着浩荡的队伍跨上了鸭绿江浮桥。就要离开亲爱的祖国了，杨根思忍不住回头将祖国的河山看了一眼又一眼。

部队为了轻装前进，战士们把背包已经减轻到最低限度，一切可有可无的生活用品被全部丢掉。由于形势紧迫，重武器和粮食运输困难，一时还无法跟上。夜里，部队在险峻的山间公路上疾行，敌人的夜航机在上空盘旋低回，不时发射出的照明弹将天空照得亮如白昼，部队不得不迅速隐蔽，一会儿折入小路，一会儿又上了傍山公路。路面被炸得坑坑洼洼，一阵阵枯焦味、汽油味、硝烟味迎面扑来。

由于出发前，部队只配发了华东地区规格的棉衣，原计划准备在集结地点补给其他冬季服装。但仓促间突然接到入朝作战的紧急命令，部队缺乏最低限度的物资保障。杨根思带领连队直到过境时，还戴着单帽，穿着胶鞋。此时，朝鲜山区已值严寒的隆冬，气温低到零下二三十度，阵阵寒风刺透骨髓。寒冷严重威胁着每个战士。

杨根思紧了紧腰带，一路走一路想着营长过江前所讲的话："要充分估计到必然遇到和可能遇到的困难。"看来防冻成了一件大事，决不能出现一个非战斗减员。

部队过江两天来，阴冷的天空撒着飘零的雪花。这时，一座燃烧着的城镇突然出现在战士们的眼前，这就是江界城。这座昔日美丽繁华、工业发达的城市，如今

△ 志愿军官兵跨过鸭绿江参加抗美援朝战斗

被美国强盗炸成一片火海、废墟。到处都是炸弹坑，被炸断了的电线在半空晃荡。凝固汽油弹喷着毒焰，燃烧的屋架在倾坍，灼热的瓦片在爆裂，寒风卷着浓烟在飘散……

部队离开江界以后，雪越下越大，天地只剩下白茫茫的一片，许多坑凹处被积雪填平。杨根思不时地从队伍前面走到后面，又从后面走到前面，帮战士们扛枪，背米袋，鼓舞大家与暴风雪搏斗。

部队继续向南疾进，山越来越高大，天气也越来越冷。气温已下降到摄氏零下三十二度。狂风尖厉地嘶叫着，丛林在剧烈地抖动。道路早被冰雪封盖，杨根思紧跟着担当前卫的八班，踏着没膝深的积雪，探索着行军的道路。战士们冻得浑身的血液好像都凝固了。眼睫毛、鼻孔、胡须都结了冰霜，整个脸部也像冻着一层薄冰，绷得紧紧的，好似千万根钢针猛扎一样的痛。薄薄的棉衣早已冻成了坚硬的“盔甲”，手碰到冰冷的枪就会被粘掉一层皮。

雪地里留下一行行深深的脚印，越往高处去，越让人感到呼吸的急迫，双腿好像灌了铅似的僵硬，不断有人滑倒。但是风雪又怎能挡住战士们前进的步伐，严寒又怎能动摇战士们杀敌的决心，四处燃烧的战火燎烤着战士们的心，瓦砾废墟中被残害的朝鲜人民，深深地刻进战士们的脑海。

与暴风雪搏斗了一整夜，天色大明后部队翻过了海拔两千多米的德伦岱岭，在山沟里宿营下来。鹅毛大雪还在下。山沟里积雪盈尺，白皑皑一片，既没有一个可以隐蔽的岩洞，也没有一间避寒的房屋。杨根思安排战士们挖去一层积雪，用铁锹垒起一段半截高的雪墙，收集一些枯树枝铺在地上，用树枝撑开油布，以班为单位挤在一起躺着。杨根思派好警戒后，又到各班检查了一遍。发现连队所带的粮食不多了，战士们都在啃着硬邦邦的干粮，喝着冰凉的雪水。杨根思和指导员、通讯员三个人挤在一床薄被子里取暖。

杨根思浑身软瘫了一般，很想睡一会儿，但是怎么也睡不着。他不放心连里的战士，害怕他们在这冰天雪地里睡着了冻坏，于是他轻轻地从被子里抽出身来，他要再到各班查查情况。杨根思顶着风雪来到各个班，发现各班的油布被狂风刮得“叭叭”作响，整块整块的雪掉在了战士们的被子上。大家闭着眼睛蜷缩着挤在一起。这些战士大多都是关内人，从没见过这么冷的天，很多战士脚肿得像地瓜，手背肿得像馒头，耳朵裂开的口子上凝着一块块紫血。

回到连部的油布篷里，杨根思对指导员说道："全连严重冻伤十八个，所有的人耳朵、手脚都冻裂口了，情况是严重的。”杨根思觉得，作为一个连长应该把问题考虑得更周到些，既要有克服困难的意志和决心，又要有战胜困难的措施和办法。

指导员赞同地点了点头说:“要发动各班讨论防冻措施。”

“对，群众的智慧是无穷的。”

简单的班排长会议召开以后，各班展开了热烈的讨论。有的班研究出用棉裤腰间的棉花制成了耳捂子，有

△ 志愿军战士踏着高山积雪追击敌人

的班战士想出了用引火的玉米壳来垫鞋、包脚的办法。有的战士把毛巾剪成两块缝在大盖帽两边当耳帽。战士们研究出的许多切实可行的办法，解决了不少实际问题，在营部召开的防冻会议上受到了表扬。除此之外，杨根思还鼓励战士们发扬革命乐观主义精神，组织各班通过开展文娱活动、练兵演习等活动来抵御寒冷。在杨根思的带动下，经历连续20天的急行军，全连169人没有一个非战斗减员。

风雪征途

☆☆☆☆☆

美国侵略军遭到朝中军队第一次战役打击后，又重新集结了近二十万兵力，分东西两线气势汹汹地向鸭绿江扑来。西线敌军已占熙川、球场等地，企图直插新义州。东线敌军一路已到达鸭绿江边的惠山镇，一路越过黄草岭，进入下碣隅里。随即，美陆战一师与美七师分别向死鹰岭、柳潭里和葛新里、新兴里进攻。东西两线之敌，妄图钳形合拢，在圣诞节前结束侵朝战争。

为了粉碎敌人的狂妄野心，志愿军总部根据敌恃强骄纵、疯狂冒进的弱点，决定采取“诱敌深入，集中优势兵力，各个歼灭敌人”的作战方针。朝中人民军队于11月25日发起第二次战役，从东、西两线同时向敌人发起进攻。杨根思所在的部队，奉命立即徒涉长津江，开往东线长津湖地区。

11 月 27 日晚上，杨根思所在的连队必须强行军 130 余里，赶到指定的集结地点大南里，待命参加战斗。艰巨的任务是必须迅速翻越险峻的东白山。如果绕道的话，就得多走 130 里，拂晓前无法赶到大南里。

险峻的东白山横空兀立，峭岩陡壁，白雪皑皑。林木之间枯藤缠绕，找不到一条上山的路。

“没有路也要开出一条路来！”杨根思带着前卫班，走在连队最前面，抱着树干，不畏严寒，挥着铁锹扫荡枯藤，拉着树条朝上攀。已经冻伤了的脸和手又被树枝枯藤划破，渗出了血，寒风一吹，钻心地疼，杨根思全然不顾。爬着爬着，他感到胸口发闷，喘不过气来，脚下一滑，摔倒了。他爬起来，扶住树干歇了一会儿，又继续前进。一次又一次地滑倒，一次又一次地爬起。连长的行动感染着每一个战士，手掌裂开了口子，衣袖撕碎了，膝盖磨破了，但都挡不住战士们前进的步伐，英雄的战士终于征服了险峻的东白山脉。

战士们到了山顶，再朝下一看，陡峭的山坡覆盖着晶亮晶亮的冰雪，无法立足。几颗可数的小树稀疏地立在雪坡上，无法作为下山的依托。

杨根思向下观察了一会儿，思索着，如果一步一步向下走会延误时间，怎么办？忽然他的眼前一亮。

只见杨根思解下背包，把被子卷成圆筒，朝上一骑，双手紧紧抓住被筒的前端第一个滑了下去，他扭头对战士们说：“就这么办，像骑马一样滑下去。”

这个办法很灵，一会儿工夫，浑身沾着雪块冰碴的战士都安全到了山脚下。经过八个多小时的艰难跋涉，他们比预定时间提前三小时赶到了大南里。

天亮以后，杨根思发现大南里并不大。看不见人影，也听不到犬吠。房屋几乎全都被烧毁、炸塌，余烬里还冒着刺鼻的黑烟。看样子，敌人不久前刚洗劫了这个村庄。

在离村子不远的一条山沟里，杨根思看到了又一幅令人发指的惨景：山沟里一溜躺着几十具尸体，有老人，有姑娘，还有孩子。这些尸体被降落伞带子连串地捆着。美国鬼子对村子里的居民进行了惨无人道的集体屠杀。

敌人灭绝人性的行为深深激怒了杨根思，他迈开急匆匆的步子再次找营长请战去了。

部队严密伪装，隐蔽在绝壁旁。白天不能生火冒烟，事实上部队已经没有一粒可做饭的粮食了。他们要在这里度过一个白天，等待出击的命令，然后给下碣隅里的敌人以出其不意的打击。阴沉沉的天空乌云低垂，炊事员的脸色也灰蒙蒙的。几天来为了给战士们弄点吃的，炊事员愁得眼睛布满了血丝，额上新添了几道皱纹，下巴也瘦尖了，嘴唇发黑蜕皮。让同志们饿着肚皮打仗，这怎么能不使他揪心般地难过呢?

炊事员向连长杨根思汇报，外出征粮的几个小组都空着手回来了。杨根思安慰了他几句，要他在天黑的时候，烧两锅开水给大家暖暖身子。杨根思知道这不是他们一个连队的困难，而是整个部队的困难。战争形势的迅速发展，运输很艰难，后方的粮食暂时运不上来。当地人稀粮少，加上美国鬼子的疯狂糟蹋，造成了部队的缺粮断顿。望着冰雪覆盖的群峰，杨根思想到抗日战争时期在浙西山区的艰苦岁月，那时候还可以挖点野菜充饥，可是这里却什么也找不到。困难比想象的严重得多。

就在这时，他看到一个头戴马尾帽，穿着大管裤的朝鲜老人，背着一个筐子向他走来。杨根思没想到村子里还有人，急忙迎了上去。

经过一番手势比划的交谈，杨根思大体弄清楚了，敌人屠杀了这个村的居民，他和另外几个人躲了起来，才侥幸活着。朝鲜老大爷说完以后高兴地拍了拍背上的筐。“卡姆其、卡姆其……”

杨根思听不懂，迷惑地摇着头。直到老大爷从背上取下筐，捧着往他怀里送，这才明白，老大爷要把筐里的土豆送给志愿军吃。

“不行，不行。”杨根思又是摇头，又是摆手。他看到筐里的土豆，有的皮被烧焦了，猜想一定是从烧毁的房子里扒出来的。“我们志愿军有粮。”但他知道再说也是白搭，老大爷根本听不懂。于是他挺起肚皮，用手拍着，装出吃饱的样子。朝鲜老大爷将信将疑地看着杨根思所做的动作，再三要求把土豆留下。杨根思说什么也不肯，硬把筐子背到老

△ 志愿军指战员在雪地向守敌匍匐前进，发动突然袭击

大爷的背上，老大爷无可奈何地走了。

杨根思感激地目送着那位老大爷，朝鲜人民对志愿军的一片情意，温暖着他的心。

巡查了各班以后，杨根思和指导员背靠背坐在枯树枝上打个盹。两人都没睡着，肚子里同时发出咕噜咕噜的响声，真是“天将午，饥肠响如鼓”啊！昨天出发前，炊事班给他们每人盛了一碗黄豆汤，他们只喝了点汤，把黄豆全倒给了受伤的战士。

天空中偶尔洒下几片雪花。杨根思勒了勒裤腰带，闭上眼皮想休息一下，恢复恢复体力。连日的行军、寒冷、饥饿，使杨根思的颧骨更加突起，眼窝也深陷了。他眼皮一合，迷迷糊糊，思绪如风驰云涌一般……

祖国一个美好的早晨浮现在眼前：晨光里，汽笛声中工人走向工厂，农民扛着犁耙走向田野，学生背着书包走进校门；天安门前国庆节狂欢之夜也浮现在眼前：灯的海洋，人的潮流，一簇簇五光十色的焰火飞上夜空，蓦然间化为一丛丛万紫千红的花朵。

杨根思沉浸在思念祖国的梦中。

一阵朔风扬起积雪呼啸而过，雪花撒了杨根思一头一脸。他和指导员都禁不住打了个寒噤，从蒙眬的睡意中惊醒过来。杨根思把棉衣裹了裹，对指导员说："老陈，我只要眼一闭就像回到了祖国。"

"巧极了，我们坐的一趟车。"指导员风趣地说，"刚才梦见了大上海！"

"说实在的，想到祖国人民的幸福，看到朝鲜人民的痛苦，什么冷啊、饿啊，全赶跑了。"

"这叫什么？叫'精神力量'！"

两个人你一言我一语，谁也不想再睡了。

整整一天，战士们没有一粒米、一口水下肚，渴了、饿了，就捏个雪团放在嘴里含含。大家怒视着头顶上不断飞过的美国飞机，只盼着夜幕快快降临。

黄昏时分，出发之前，全连集合在一间有墙无顶的破屋里。杨根思和指导员走了进去，只见大家有的扎鞋带，有的绑手榴弹带，没有谈话声，也没有笑声。是因为一天没有吃饭造成的，还是疲劳过度了？杨根思心里微微一动。越是困难的时刻越要有士气，他手臂一扬，大声地说：

"同志们，让我们唱支歌。"

"就唱《国际歌》吧！"指导员点了支战士们最熟悉的歌。

"好，听我指挥。"杨根思起了个头，歌声随着他挥动的手臂在飞扬：

起来，饥寒交迫的奴隶，
起来，全世界受苦的人！
满腔的热血已经沸腾，
要为真理而斗争！
旧世界打个落花流水，
奴隶们起来，起来……

雄壮的歌声，好似隆隆的战鼓，嘹亮的号角，熊熊燃烧的火炬，刺破乌云的闪电。

杨根思高唱着这支无产阶级的战歌，激情在胸中翻腾，共产主义的光辉理想，像喷薄的红日跃出万顷金波的东海，照耀着战士们宽阔的胸怀。这支歌他曾经唱过无数遍，但今天唱起来感到格外亲切，理解得格外深刻。

歌声停止了，雄壮的旋律还在杨根思的心里激荡。他一只手的拇指深扣着腰带，面对精神焕发的战士们，激动地说："同志们，今天我们一天没有饭吃，这对我们来说，并不是第一次。比起红军长征，一天不吃饭又算得了什么？红军没有粮食吃能翻雪山、过草地，我们就能照样打美国鬼子。忍受艰苦就是光荣，熬过困难就是胜利。"

连长的话又一次在战士们心里点燃了一团火。

炊事员不知什么时候站到杨根思的身后，他已经是行军打扮，背着行军锅，铜锅铲在肩头上闪光，一只鼓鼓的麻袋靠身边摆着。杨根思一说完，他把右手一摆，喊了声"同志们！"嗓子就有点哽咽了，"我没尽到责任，让大家饿着肚子上战场。"说完他又指着身边的麻袋接着说："营首长知道我们连断了顿，从营部匀出一部分熟土豆，刚才派人送来，数量虽少，却代表首长的一片心啊。"

杨根思这一天去了营部三趟，他知道营部干粮也不充足，首长们也没什么东西充饥。在这最困难的时候，他们却总是首先想到战士。

"全连开饭，以班为单位，每人一个，动作要快。"杨根思大声宣布。

战士们领过以后，最后只剩下三个了，杨根思抓起来塞到了通讯员手里，自己和指导员一个也没留。三排长发现连长和指导员一个土豆也没领，便把自己的那一个土豆悄悄揣进了怀里。

出发的命令传来了，雪花越飘越密。双肩落满雪花的杨根思腰带一圈塞满了手榴弹，右手握着驳壳枪，走在全连的最前面。他踏着坚实而又急促的步子，不时回过头去看一眼扛着炸药包的通讯员。

狂风呼啸，大雪纷飞，全连战士紧跟在连长后面，在风雪中前进。夜幕笼罩，严寒彻骨，反披着棉被的志愿军战士，与皑皑白雪浑然一体，似神兵天降，突然出现在长津江畔。

零下三十几度的奇寒，使长津江冰冻数尺。深夜，杨根思带领连队在团的编程内静悄悄地从冰上越过去，跨过公路、铁路，迅速夺取了1071.1 高地。像一把利剑插进敌人的心脏——长津湖地区。同一时刻，兄弟部队也已完成了分割包围的战斗部署。

与此同时，美国侵略军东线最高司令官阿尔蒙德中将，喝着白兰地，高跷着鹭鸶般的长腿，正在向随军记者们吹嘘着他的部下取得的“辉煌战绩”。就在几天前的 11 月 21 日，这一路美军从朝鲜东线战场抵达了紧靠鸭绿江南岸、遥对中国边界的惠山城。美军先头部队的指挥官——第七师十七团团长鲍威尔上校，对那些得意扬扬的长官们说：“我们打得很好! 明天我们一起来就动身，以最快的速度到达边境……”这时美军的战报上写着：共军在韩国东北部的抵抗已告瓦解，美军正在扩展鸭绿江上的阵地，同时第一海军陆战队加强对长津湖广大地区的控制。美军做梦也没有想到，麦克阿瑟的所谓“圣诞节之前结束朝鲜战争”的计划，不过是吹出的一连串五颜六色的肥皂泡，稍现即逝。盘踞在下碣隅里的建军一百七十多年的美海军陆战队第一师，号称美国的“常胜军”，如今却成了瓮中之鳖。美军步兵第七师和第五师等部，都陷入了覆灭的困境。

杨根思所在的一七二团突破封冻的长津江以后，一营作为全团的二梯队，集结在下碣隅里东边的山沟里。

夜空里，曳光弹似金蛇狂舞，照明弹像明灯高悬。一阵阵炮弹的爆炸声在远处近处轰鸣。一闪一闪的炮火，使山谷里忽明忽暗。杨根思带着全连战士在一个高坡上待命。忽闪的红光不时映照着战士们严峻的脸庞。寒冷、饥饿、困乏早就被驱赶得无影无踪。每一个人都像一发上膛欲飞的炮弹，只要一拉炮栓，就会在敌群中开花。

△ 抗美援朝 第二次战役期间，一七二团官兵利用炮火掩护向敌人发起冲击

杨根思凝神谛听着并不太远的枪炮声，判断着它的距离和激战的程度。

隆隆的炮声、轰轰的手榴弹爆炸声、密集的机枪步枪声交织在一起。在山谷里引起了一连串瓦釜雷鸣的回声。下碣隅里西南角上的飞机场爆炸声极为激烈。忽然间，正北的山头上两颗红色信号弹腾空而起。杨根思告诉大家：那里的山头已被我们占领。

战士们低声欢呼起来，站在连长周围瞩目远望，尽管眼前只是一条条飞蹿的火舌、光带，但战士们好像看到了千军万马从四面八方分割围歼美国强盗。

山沟里有一座孤零零的茅草房。一营的指挥所就设在这座茅草屋里。烛光下，营长和教导员盘着腿坐在铺着芦席的炕上看着战役部署图。为了防空，茅屋的小门上垂挂着一块油布，屋里蒙着一层烟雾。

营长刚从团部受领了任务回来，在烛光下与教导员商量了一会儿后，决定把这个硬骨头交给三连。

“通讯员，把三连长叫来。”

“是！”营部通讯员刚出去不久，门外就响起一阵重重的脚步声，蒙在门上的油布一掀，烛光一阵摇晃，一个满身雪花的人带着一股风闪了进来，营长、教导员一看进来的不是别人，正是三连连长杨根思。

“营长，把最艰巨的任务交给我们三连吧！”

“好家伙，你来得真快啊。”

跟随杨根思进屋的营部通讯员说："半路上就碰到了。"杨根思把军帽一掀，头上冒着热气。他本来就是找营长要任务的，路上遇到营部通讯员以后，简直是一路小跑来的，通讯员怎么也撵不上。

“三连长，这次不让你白跑。”营长笑着一招手。

杨根思走到摊着地图的炕边，教导员示意他再靠近一点。图上红色的箭头从各处伸向美国侵略军侵占的据点，形成分割包围的态势。营长手中的铅笔指着地图上一个重重的“X”，对杨根思说:“这是下碣隅里，美陆战一师就被围困在这里。”

杨根思的眼睛随着笔尖迅疾转动。

“这是 1071.1 高地，又名叫飞鹤山，下碣隅里外围的制高点。这是 1071.1 高地东南的屏障——小高岭，它卡住了下碣隅里到古土水、咸兴、元山的公路。东线敌人就是沿着这条公路窜犯到鸭绿江边的。打个比方，如果这里是下碣隅里的大门的话，小高岭就是一根门闩！”营长把“门闩”说得很重，抬头看了杨根思一眼。杨根思眉梢耸动了一下，眼光紧紧盯住了地图上的飞鹤山。

“经过一夜激战，友邻部队从西面攻进去了，战斗正向飞机场推进。一七二团的其他营都已插到了铁路边上。明天天一亮，敌人发觉四面被围，一定会不惜一切代价拼命进行反冲击，夺取小高岭和 1071.1 高地，以便实现突围南逃的企图。”营长看了教导员一眼，教导员明白营长的意思，接下去说:“关键就在小高岭。守住了小高岭，就切断了敌人的退路，就能保证围歼美陆战第一师。”

“杨根思！”营长严峻地说，“小高岭只能摆开一个排的兵力，你的任务就是亲自带领一个排，营机炮连一挺重机枪，立即支援二营六连夺取小高岭，天明以后接替六连，牢牢守住这个阵地，打破敌人突围的企图。”

“坚决完成任务！”杨根思字字铿锵地回答。

“你们的对手是建军有一百七十多年的美海军陆战队第一师，是一股非常骄横的敌人，号称美国的“常胜军”,华尔街的老板们吹嘘它是从未打过败仗的‘王牌’。”营长郑重其事地说道。

杨根思从来不信这个邪，他只信奉自己的“三不相信”，心里默默的发誓：一定以必胜的信心，坚决打破他们不可战胜的神话。

杨根思从营部带着一团烈火回到连队，整装待发的战士们在风雪中听连长传达任务、进行战斗动员。

队伍要出发了，杨根思托起指导员的一只手，把一个什么东西郑重地放在他的掌心，轻声地说：“老陈，这个东西请你替我保管。”

指导员凑近一看，这是杨根思一直系在腰间、包着纪念章的小布包。里面包着党和人民给杨根思的荣誉，包着杨根思对党和人民赤诚的心。指导员知道这是杨根思最珍贵的东西。“为什么要我保管，而且又是在上小高岭之前？”指导员仿佛预感到什么，感情激动地说：“老杨，我和同志们等待着你胜利归来。”

杨根思深情地紧握了一下指导员的手，拔出驳壳枪高喊道：“三排跟我出发！”

指导员也迅速整理队伍向1071.1高地出发。纷飞的雪片使人眼花缭乱，连续不断的炮火、照明弹映红了山坳。通往小高岭去的路边，团长周伯明站在一座小屋的门口。他从一营长打来的电话里得知，战斗英雄杨根思将带领三排担负扼守小高岭的艰巨任务，特地等候在这里。

杨根思踏着积雪，率领队伍走了过来。团长迎上去紧紧握住他的手："杨根思同志，坚守小高岭的意义你是清楚的。"

"团长，我明白！"

"决不许敌人爬上小高岭寸步，坚决把他们消灭在阵地之前。"团长的话每一个字都像擂动的鼓点。

"我代表全排战士向首长保证，只要还有一个人，就要战斗下去，人在阵地在！"

"保证人在阵地在！"全排战士响亮地说。

弥漫的风雪隔不断团长的视线，他站在雪地里目送着三排的战士，目送着杨根思高大的背影。

血洒小高岭

在下碣隅里周围激烈的枪炮声中，迎来了1950年11月29日的拂晓。

1071.1高地在微微曙色中显露出高耸的身姿。杨根思带领三排的战士，迎着扑面的寒风踏上了小高岭，仔细观察了地形以后，他更清楚地知道了扼守小高岭的意义。他向西北望去，冰封的长津湖尽收眼底；对直望去，隔着一大片开阔地的下碣隅里如同就在眼前一般；市镇前的公路桥看得清清楚楚；

步枪可以直接射击到下碣隅里左面平原上敌人的飞机场。从下碣隅里通向咸兴、元山的公路，紧贴着小高岭的脚下拐了个弯向南伸去。这条公路是向南的唯一通路。失去小高岭，1071.1 高地就无法控制公路。扼守住小高岭等于卡住了美陆战一师的脖子。用营长的话来说，就是插上了“门闩”，使敌人无法向南突围。

杨根思把驳壳枪插进腰带，指着小高岭下的公路对战士们说：“大家都看见了，美国侵略军陆战一师被兄弟部队团团围住，他们拼死拼活想从这条公路向南突围，我们能让这些屠杀中朝人民的刽子手从我们的眼皮子底下逃走吗？”

“不能！”战士们齐声响亮地回答。

“对，决不能让这帮强盗逃掉。我们要像一把尖刀扎在敌人的咽喉上，坚守小高岭，决不后退半步！”随着黎明的到来，雪下得更紧了，杨根思把七班、八班布置在敌人进攻的重点方向——小高岭的右翼。九班布置在左翼。积雪覆盖的小高岭并不险峻，但是没有可以利用的工事。凌晨的严寒使战士们眉毛、胡须上挂着冰凌，脚和鞋早已冻在一起，整个身子像掉在冰窟里。土石冻得似坚硬的钢板，无法构筑掩体战壕。战士们挥动十字镐、铁锹，挖了一些简易的散兵坑。

杨根思把营机炮连配属的重机枪安置在了小高岭的后侧，他再一次环视着阵地，习惯地微皱着眉宇深思着：小高岭面对下碣隅里的方向，特别是右翼坡度不大，敌人便于进攻，而通向 1071.1 高地的鞍部相对较长，火力无法支援。由于翻越座座冰山雪峰，火炮一时还不能运上来。最主要是缺乏重武器，连八二炮也只有几发炮弹。这些，都给坚守小高岭带来很大的困难。加上敌人急于逃脱被围歼的命运，必然要作困兽之斗。杨根思清楚地预见，小高岭上必将有一场激烈的争夺战。

一阵阵沉重的飞机马达声，闷雷似的由远而近。11 架 F-86 型敌机出现在 1071.1 高地和小高岭的上空。几乎在同一个时间里，敌人向小高岭开始了猛烈的炮击。

金属尖锐的呼啸声中，密集的炮弹雨点似的落在小高岭上。铁片、树枝、石块、黄土、白雪四处飞溅，爆炸声震耳欲聋。敌机投下的凝固

△ 志愿军正在阻击敌人

汽油弹把小高岭变成一片浓烟火海。

瞬息之间，冻结了的空气变得灼热起来。原来白雪覆盖的小高岭，现已烧成了一片焦黑。好些战士被掩埋在了土石之中。八班长钻出来以后，使劲挖开泥土和石块，把其他几名被掩埋的同志拉了出来。七班长衣服被敌人投下的汽油弹点着了，他在地上翻身打滚，战士们也急忙挥着帽子帮他扑灭身上的火苗。

杨根思抖落了身上的泥土，大声地叫喊着："同志们，敌人的炮弹坑就是最好的工事。"三排副拿过一个战士的铁锹，嚷道："快，趁土热抓紧抢修工事。"顿时间，铁锹、十字镐在烟火中挥舞，炮弹坑很快成了简单的掩体。

敌人的炮火开始向 1071.1 高地延伸。历史的经验告诉杨根思：步兵的冲锋就要开始了。他匍匐到八班长身边，拔出腰间的一颗手榴弹，命令道："准备战斗！"

一群端着卡宾枪的美军在小高岭的右翼出现了，刚开始是小心翼翼往上爬，后来竟大摇大摆地拥上来。这是一群迷信钢铁的队伍，他们以为凭借飞机大炮就能把志愿军战士征服。

“等敌人靠近我们 30 米，听我的命令再开火。”杨根思的命令迅速在阵地上传开。

战士们屏住呼吸，一双双愤怒的眼睛紧盯着步步逼近的敌人，一支支仇恨的枪口对准强盗的胸口，一颗颗手榴弹拧开了铁盖，套上了拉环。

敌人越爬越近了，80 米、60 米、40 米、30 米。“打！”杨根思一声怒吼，轻重武器一齐喷射出愤怒的火舌。一阵阵排子手榴弹准确地在敌群中开花。这帮傲慢的侵略军，遭到志愿军战士突如其来的沉重打击，立即露出“纸老虎”的原形，滚的滚爬的爬，丢下一片尸体，很快溃退了下去。

敌人第一次攻击被打退了。很快，敌人的炮火又向小高岭倾泻而来，小高岭再次笼罩在硝烟之中。敌人报复性的炮击比第一次更加猛烈。突然，杨根思在轰隆隆的炮声中捕捉到一种奇怪的炮声。透过炮火的烟幕看到了小高岭右翼公路上敌人的坦克在蠕动，他立即明白了，那是敌人的坦克炮在轰击山头。

就在这个时候，七班长大声报告：“连长，敌人上来了！”

在八辆坦克的掩护下，密集的敌人躬着腰从公路边拥上来，开始了第二次冲击。

杨根思大声命令道：“注意隐蔽，把敌人的步兵放到山上来再打。”

炮击已经停止，一群密匝匝的敌人端着卡宾枪向小高岭猛烈射击，越爬越近，一副副狰狞的面孔也看得十分清楚了。

“打！”杨根思大吼着，首先投出手榴弹。山头上的手榴弹冰雹似的砸向敌人。八班与七班的机枪手一左一右，把一梭梭子弹射出去。笨拙的美军士兵一排排地倒下了。七班机枪手在换弹匣的间隙，被敌人的子弹击中了头部而壮烈牺牲。杨根思飞跳过去把驳壳枪往腰带上一插，接过机枪，向敌人猛烈扫射。

敌人顿时乱了阵脚，前面的掉转屁股往山下溃逃，后面的在指挥官枪口逼迫下，胆战心惊地朝上拥。

杨根思纵身跃出弹坑，把枪皮带往肩上一挂，高呼着：“为了祖国人民，冲啊！”

战士们呼应着，旋风一般卷向敌人，刺刀在闪光，枪托在挥舞，喊杀声震慑敌胆，涂着“U.S”的钢盔在山坡上滚动。

三排长端着明晃晃的刺刀，一连戳倒三个敌人，滴血的刺刀被折弯了，他又抡起枪托猛砸在一个鬼子的脑袋上。突然，从侧面射来的一颗子弹打中了他的腰部。“同志们，坚守阵地……”三排长竭尽全力高喊着倒了下去。

射击声、枪托撞击声、喊杀声响成一片。

正在混战中，又有一批敌人拥上山来。杨根思把机枪转了个方向，炽热的火舌像斩妖劈魔的利剑挥向敌人。前面的敌人倒下了，后面又有一群向上拥。杨根思当机立断，命令八班从山腰插向敌人侧后，七班、九班从小高岭向下压去。敌人望而生畏了，在坦克炮火的掩护下弃尸溃逃到山脚下去。

溃退的敌人撤到山下以后，公路上的坦克像暴怒的野兽咆哮了一阵，从小高岭右翼又爬上山坡。一批敌人跟在坦克后面也冲了上来。

九班机枪手愤怒地射出一梭梭子弹，子弹发出敲击钢板的声音，坦克照样向前爬。杨根思命令道：“节省子弹，停止射击！”他的眼光紧紧盯住领头的坦克，顺手从掩体坑的石块下拖出一包炸药，正要往外冲，突然被一只有力的手拉住，“连长，让我上！”杨根思侧头一看，只见七班的一个战士已经抱着炸药跃了出去，直奔领头的坦克。

“火力掩护！”杨根思立即命令道。九班机枪手的机枪嗒嗒嗒地叫起来，重机枪又猛烈地向坦克后面的敌人扫射起来。只见七班那个战士从侧面接近坦克，把炸药包塞进坦克的履带后，迅速转身隐蔽。一声巨响，火光冲天，烟腾雾缭。领头的坦克猛烈地震动一下，就歪向一边，炸断了的履带哗啷啷地滑动着，后面的几辆坦克，掉转车头立即向山下逃去。

敌人的第三次反扑被打退了。阵地前横七竖八地躺着美国侵略者的尸体。

云层紧压住 1071.1 高地的顶端，雪花已不再飘落，小高岭烧尽的松枝冒着丝丝白烟。杨根思和战士们围着呼吸微弱的三排长。

三排长干裂的嘴唇微微动了几下，喃喃地说道：

“连长，给……同志们……”他一只伸在怀里的手无力地垂下，两个半块土豆随着滚了出来。

“三排长！三排长！”杨根思托起三排长的头，随后又轻轻地放下。

悲愤已经充满了杨根思的胸膛。他深情地捧着土豆，这土豆上还留着三排长的体温。这不是两块小小的土豆，而是三排长留给战友们温暖的心，留下他未竟事业的重托和希望！

杨根思呼地一下站起来，紧捏着那两块土豆对战士们说：“同志们，我们要把悲愤化为力量！我们在这里多流一滴血，就给朝鲜人民和祖国人民多带来一分幸福；我们在这里多坚持一分钟，就能保证多消灭一群美国强盗！”

杨根思检查了全排的武器弹药。他发现手榴弹已经不多了。就在这时，指导员派连队的一名战士去调送来了一批弹药。

一阵“嗡嗡”的飞机马达声铺天盖地而来。十多架美国 B–29 型重型轰炸机刚刚投下一批炸弹飞走，又一批海盗式飞机窜到了 1071.1 高地上空。一架架敌机肆无忌惮地在小高岭上低空飞行，轰炸扫射。当敌机俯冲时，战士们都清楚看到了机舱里的美军驾驶员。杨根思血涌脑门，怒从心起，端起九班机枪手的机枪，从弹坑里跃了出来。八班机枪手也跟着跃出弹坑，两人双手举着机枪的双脚，阵地上后面的战士大声喊道：“连长，狠狠地打！”

杨根思两腿叉开，瞄准一架俯冲的敌机，一扣扳机，一条火舌喷了出去。战士们也学着连长，举起步枪对空射击。敌机上的美军鬼子万万没有想到阵地上的志愿军会有这一手，一拉操纵杆蹿上高空。这群飞贼也如惊弓之鸟，慌乱投下的巴姆弹有的落在了附近山头上，有的在远处的公路上爆炸。

山下敌人的坦克炮从左右两侧又一次向小高岭轰击。

杨根思高喊着："坚决顶住美国鬼子飞机、大炮、坦克的袭击，坚决把敌人消灭在阵地前！"

凝固汽油弹的火苗在四处蔓延，小高岭上烈火熊熊。一批敌人再一次爬上来了，一排排手榴弹在敌群中爆炸，重机枪子弹像纷飞的羽箭射向敌人的胸膛。烈火中，杨根思挺立身子，端着明晃晃的刺刀呐喊着："刺刀见红，才算英雄。冲啊！"

"冲啊！杀——"战士们紧跟着连长又一次向敌人猛扑过去。

冰山上、火海里，钢铁的战士们坚守着钢铁的阵地！

1071.1高地的火力严密控制了敌人南逃的公路，几辆涂着白色星徽的美国汽车被打毁，几十具美国鬼子的尸体躺在公路上。枪支、钢盔、皮鞋散乱地丢了一地，乌七八糟的画片被风卷起又落下。

敌人的狂轰滥炸，隔断了1071.1高地与小高岭之间的联系。杨根思命令通讯员向营长报告阵地情况，并请求支援弹药。通讯员刚要转身，突然杨根思又叫住他："告诉营长，杨根思保证：人在阵地在！"

激烈的战斗在继续着，敌人一批批地被歼灭在小高岭上，杨根思率领的三排勇士们也在战斗中伤亡惨重，已经越来越少了。

敌人又一次更疯狂地向小高岭发动了持续二十分钟的炮火轰击。急于逃命的敌人正在作垂死挣扎。

杨根思被一阵强烈的震动掀倒。接着什么也看不见、听不到了。头上和胸部一阵剧痛，背上仿佛压上了一块巨石，胸口憋闷得要炸裂开来。他竭力想挥动双手，却丝毫不能动弹。他知道自己已经被埋在土里了。他在心里默默念叨："站起来，站起来！坚守阵地，决不能让敌人爬上小高岭寸步！"他铆足全身力气，双手支撑着，把头和肩向上猛蹿，一次又一次地使劲，终于把头部挣出堆积的泥土。周身的血液流向头部，额上青筋突起，好像立即就会爆裂。

"坚守阵地，消灭敌人！"一个声音又在心里高呼着。他聚起全身力气向上猛地一蹿，只觉得一下子好像从万丈水底蹿出水面，一阵舒畅清新瞬间驱走了胸口的压力。

杨根思挣出地面，抖落满身的泥土，撩起衣襟，揩去眼眶的污泥，睁开眼一看，阵地上只剩下他一个人，其他人一个也看不见了。就连遗弃在阵地前的敌人尸体也大部分消失了。小高岭被敌人的炮弹炸翻了个身，周身覆盖着一层松软的细土。

一股股鲜血从杨根思的额头上和着泥土流下来。肋骨在隐隐作痛，手脚疼得也不听使唤了。此时杨根思已经顾不得这一切，首先想到的是战士，他细心地左右来回观察着、寻找着。

忽然，一颗扎着绷带的脑袋从土里钻了出来。“刘玉亭！”杨根思赶紧奔过去，把他拉了出来。

刘玉亭一边吐着嘴里的泥沙，一边扒着被埋在土里的机枪，破口大骂美国鬼子。

好几处浮土像是在蠕动。杨根思和刘玉亭不断地用手扒着，一个个战士钻了出来。杨根思一清点人数，发现阵地上，连他只剩下了五个人。

就在这个时候，通讯员背着一箱手榴弹奔了上来。他兴奋地高喊着：“连长！条子，还有手榴弹！”

杨根思接过条子一看，是营长的笔迹，上面写着：

亲爱的三连同志：

你们是红军的连队，英雄的传人，你们要充分发扬有我无敌的战斗精神，坚守住小高岭，同时也相信你们一定能守住！

营首长的鼓励与希望给了战士们极大的鼓舞！

“让美国鬼子炸吧！小高岭炸平了也是我们三连的！”

“坚守住阵地，决不后退半步！”

杨根思激动地看着大家，挥着大手说：

“同志们！让我们向朝鲜人民和祖国人民宣誓：只要我们还有一个人、一口气，就要继续战斗下去！打完了子弹拼枪托，拼断了枪托拼铁锹，拼坏了铁锹拼石头！誓死守住小高岭！”

阵地上六颗红心在为祖国人民、朝鲜人民而跳动着，六个顽强的生命在为祖国人民、朝鲜人民而战斗着！他们在连长杨根思的带领下，向着祖国人民、朝鲜人民庄严宣誓。

战士们整理好武器弹药，准备再次给美国侵略者第八次沉重的打击。

敌人新的进攻又开始了。三面集团冲锋的美国鬼子战战兢兢地爬上了小高岭，越来越近，一顶顶钢盔像一个个骸骼在闪动。

小高岭上的重机枪卷起一阵暴风，敌人一片又一片地倒了下去。

刘玉亭头上的绷带滑了下来，他一把扯掉，端起机枪猛烈扫射！忽然，一颗子弹打中了他的右肩。他摇晃了一下，又忍着剧痛坚强地站住了，怒骂道：“美国强盗们，不怕死的就上来吧！”嗒嗒嗒……仇恨的子弹飞向敌人。

敌人继续攻上来，战斗愈来愈激烈。杨根思愤怒地把一颗颗手榴弹投向密集的敌人。

突然，敌人的两发炮弹落在了刘玉亭的身边，他大喊一声：“人在阵地在，坚决不让敌人踏上我们的阵地半步！”英勇地倒了下去。

八班长端着自动步枪，跃出工事，飞身闯入敌群，反复冲杀，一个又一个美国鬼子像被割的麦子一样倒下去。一阵厮杀之后，被敌人的炮弹片击中胸口而倒在了血泊之中。

左翼的敌人还在朝上拥。

敌人的火焰喷射器喷出条条火柱，七班的一名战士衣服烧着了，敌人近在咫尺，就地扑灭已来不及了。他咬着牙，猛地跳起，带着呼呼的火舌冲到敌人堆里。敌人慌忙退却。他的两条手臂死死搂住一个美国鬼子，其他美国鬼子吓得急忙狼狈逃窜！

被炸弹炸断双腿的通讯员小王，身下一摊鲜血，一只手支撑着身体，

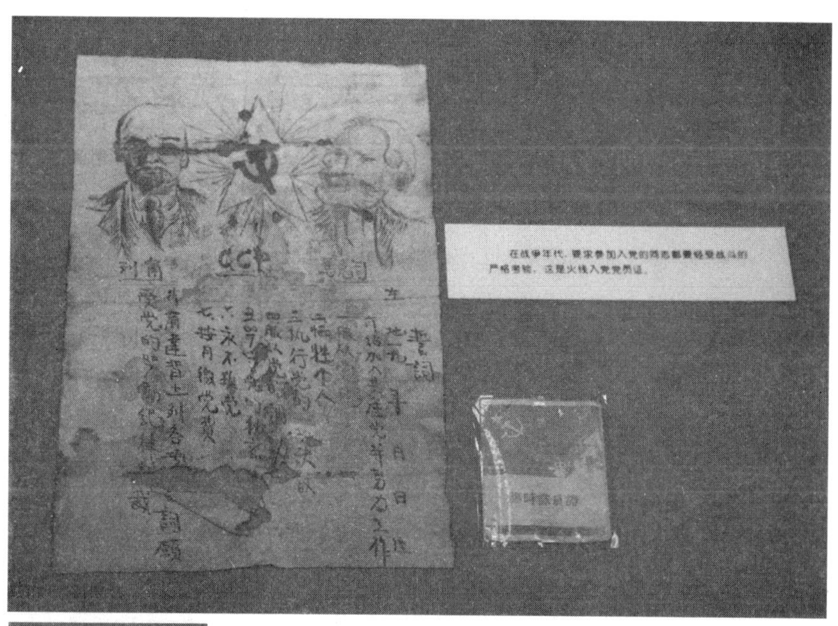

△ 火线入党党员证

一只手还把手榴弹狠狠地投向敌人。

杨根思跳到他的身边，向敌人猛掷两颗手榴弹后，大声命令道：“快撤下去！”

“不，我不下去！”小王挣扎着想站起来，“就是死也要死在阵地上！”

“这是命令！把阵地上的情况告诉首长，有杨根思在，小高岭就不会丢！”

小王依依不舍地向小高岭下艰难地爬去，身后留下一条漫漫血路，他不时回过头看看连长的身影，爬着爬着，他伏下了，再也没有起来。

枪声、爆炸声稀疏了，敌人溃退了下去。随之而来的又是一阵猛烈的炮击。

整个阵地硝烟弥漫，变成了一片火海，阵地上弹痕累累。烟雾中，重机枪排长匍匐到杨根思的面前，报告说：

“连长，重机枪子弹打光了。”

“把重机枪带上，快撤下去！革命的武器一定要保存。”杨根思的语气斩钉截铁。

重机枪排长说：“不行，我不撤退，我跟着你打到底！”说着，就拣起地上的一支汤姆枪准备冲锋。

“执行命令！”杨根思对自己身边唯一的一名战友下达了最后的一道命令：“告诉营首长，杨根思坚决守住阵地！誓与阵地共存亡。”

“连长……”重机枪排长的声音哽咽了。

“快撤！”

重机枪排长无可奈何地扛起重机枪向后面的山峰撤去，不时地回过头来，看着焦土一片的小高岭，看着连长杨根思。

满脸血迹、浑身伤痕的杨根思，收拢了阵地上所有可用的武器：一包炸药、三颗手榴弹、一支驳壳枪。

寒风吹拂着杨根思那破碎的衣服，熊熊燃烧的烈火映出杨根思屹立的身躯，映照出他深邃锐利的目光，坚毅的嘴角上露出蔑视侵略者的耻笑！

小高岭一片寂静。杨根思知道，这异常的平静，孕育着一场更猛烈的风暴。

杨根思整理了一下已经破碎不堪的棉军衣，摘下军帽，掸掉烟灰和尘土，又端端正正地戴在头上。他走上小高岭的最高处，激情一下子从周身奔涌起来。三千里锦绣江山被皑皑白雪装点得格外妖娆，她和祖国一衣带水，紧紧相连。人民的土地岂容豺狼的兽蹄蹂躏？决不能让苦难的日子再来！有我就有阵地，只要还有一口气，就不让侵略者爬上小高岭！

他回首向西南眺望，眺望云空之下亲爱的祖国，英俊的眉宇间焕发出奕奕的神采。在这一闪之间，思想的潮水卷起多少记忆的浪花：28年了，在人生的道路上走过整整28个年头，从苦难走向幸福，从黑暗走向光明，从孤苦伶仃的放牛娃、小童工成为革命的战士，又光荣地成为无产阶级先锋队的一员，哪一步不是党的指引？

苏北水网、浙西山区、鲁南战场、淮海大地……那一处处战斗过的土地，是自己最值得怀念的地方。一个革命战士的生命，就应当战斗不息！

28 年曾有过多少心弦激动的日子，但是最值得记忆的是在山东费县的小树林里，面对鲜红的党旗庄严宣誓。最最难忘的是在怀仁堂见到了伟大领袖毛主席的幸福情景。党啊！我的一切属于您，我要无愧于“党的儿子、毛主席的战士”这个光荣而崇高的称号。为了党的事业，为了祖国人民、朝鲜人民，为了共产主义，杨根思赴汤蹈火，粉身碎骨也心甘。

美国鬼子计划一路势如破竹，锐气凌人，却没有想到这个小小的弹丸之地成了塞牙的顽石，并为此付出了惨重的代价。连续数次进攻，非但寸土未得，反而在小高龄的阵地上留下了一百多具尸体。恼羞成怒的敌人急了，紧接着集中飞机、大炮对这个小小的阵地进行狂轰滥炸，每分钟有数十发的炮弹落在小高岭阵地上，烈火升腾，烟缠雾绕，铁片飞溅，泥土翻卷。一大群饿狼似的美国侵略军嚎叫着、扫射着，向小高岭一拥而上。挥舞着蓝底白字军旗的美军指挥官哇啦哇啦地叫喊着。小高岭没有任何的反击。得意忘形的美军指挥官们，以为他们“向东方瞄准的大炮”征服了敢于反抗的人，于是，直起弯曲的虾背，抬起龟缩的头，停止了射击，打算把代表胜利的军旗插在小高领上。

杨根思两道利剑似的目光，紧紧盯住拥上阵地的美国侵略者。此刻，他那博大胸膛里的红心，跳动得是那么平静。但是，这种平静就像耸立的火山口一样，瞬息之间，炽热的岩浆就会天崩地裂地爆发出来。

60 米、50 米、40 米、30 米，敌人越来越近了，骄横的美军指挥官正在发出最后冲击的命令。

“在陆地、在海上……叫你们同样是灭亡！”杨根思举起驳壳枪，一声枪响，美军指挥官倒了下去，军旗也倒落在地。美军被这突如其来的打击吓呆了。不容敌人清醒，杨根思把最后三颗手榴弹，狠狠掷向仓皇失措的侵略者。

爬上阵地的美国鬼子，像一片翻着泡沫的浊浪撞击在钢浇铁铸的长堤上，仓皇溃退了下去。紧接着又有四五十个美国侵略军冲了上来。

小高岭上的激烈枪声、爆炸声，紧紧揪住了正撤向1071.1高地的重机枪排长的心。他回过头又看了一眼阵地，不禁失声叫起来：“连长！”

他看到杨根思猛然从弹坑里跃起身，抱着炸药包，屹立在小高岭上。

杨根思怒视敌群，顶天立地，巍然如山！他紧紧抱住炸药包，心里高喊着：“永别了，祖国人民、朝鲜人民！

△ 杨根思冲向敌群，与敌同归于尽（油画）

▷ 特级英雄杨根思（杨根思部队战士王圆博画）

永别了，亲爱的战友！为了共产主义的明天，前进！”

杨根思脚踏着涂着“U.S”的钢盔，猛地抽动拉火线，导火索吱吱地冒出白烟，急速地燃烧！他像出膛的炮弹一般，紧紧抱住炸药包，踏着美陆战一师的战旗飞向敌群。

“啊，上帝！”美军面色惨白，浑身战栗，发出绝望的惊呼。

随着一声震天动地的巨响，敌人粉身变泥土，英雄辉煌化金星。杨根思用生命保住了阵地，阻挡住了敌人的又一次进攻，完成了切断敌军退路的阻击任务。

万里长空，卷起惊天的惊雷，呼唤着英雄杨根思的名字！

滔滔大海，掀起激荡的云水，高唱着英雄杨根思的赞歌！

杨根思的鲜血染红了小高岭的每一条沟壑，他把生

△ 1953年7月27日，侵朝美军被迫在停战协定上签字

命大爱撒向了朝鲜的每一寸土地。

巨大的爆炸声过后，滚滚硝烟渐渐淡去，英雄长眠在了这片战斗过的土地上，英雄的生命也将在这里升华。战旗在硝烟中漫卷，三连的战士们挥泪握拳，庄严宣誓：

“我们是英雄杨根思的连队，我们要继承他顽强勇猛的战斗作风，为祖国人民、朝鲜人民，奋勇杀敌，不怕牺牲！”

红色信号弹飞上天空，嘹亮的军号撼山摇岭，围歼美陆战一师的总攻开始了。来自四面八方的志愿军官兵以排山倒海、摧枯拉朽之势，给了美国侵略军以歼灭性的打击。

红日从东方跃出大海，胜利的红旗在长津湖地区高高飘扬。美陆战一师被朝中人民挥出的利剑斩成了肉泥，侵略者终究逃脱不了灭亡的下场！

英魂永驻

㊀ 永世祭奠

☆☆☆☆☆

1951年5月9日，中国人民志愿军总部领导机关颁布命令：追认杨根思烈士为特等功臣，授予“特级英雄”的荣誉称号。杨根思烈士生前所在连队被命名为“杨根思连”。

1953年6月25日，朝鲜民主主义人民共和国最高人民会议常任委员会授予杨根思烈士“朝鲜民主主义人民共和国英雄”称号，并授予金星奖章和一级国旗勋章。

在无产阶级国际主义的丰碑上，杨根思的名字永远熠熠闪光。

人们会永远记住这样一个历史性的日子：1953年7月27日。美帝国主义在中朝人民铁拳的沉重打击之下，垂头丧气地在他们的“第一次失败性的停战协定”上被迫签字。

为缅怀长眠在青山碧水之下的烈士们，朝鲜人民在杨根思英勇献身的地方，竖起了一座镌着“永垂不朽”四个字的纪念碑，在风景优美的长津湖畔，修建了一座“中国人民志愿军烈士陵园”。

在我们伟大的祖国，杨根思的名字深深铭刻在亿万人民的心头，杨根思的颂歌回荡在960万平方公里的土地上。

▷ 杨根思烈士所获得的金星奖章

为了纪念英雄，中共泰兴县委在英雄的家乡——羊货郎店，修建了“杨根思烈士事迹陈列馆”。纪念馆于1955年10月建成，命名为“杨根思烈士祠”。1965年改名为“杨根思烈士纪念馆”，国务院副总理张爱萍题写了馆标。此后，杨根思纪念馆经过多次修缮、扩建，发展成为初具规模的杨根思烈士陵园。1970年改名为“杨根思烈士陵园”。1987年，陵园被命名为“江苏省重点烈士纪念建筑物保护单位和省市德育基地”、“爱国主义教育基地”、“国法教育基地”。2009年3月2日，被国务院批准为“全国重点烈士纪念建筑物保护单位”。

烈士陵园占地面积25330平方米，有房屋60间，除后殿为砖木结构，其余均为钢筋水泥结构，风格和谐，独具一格。陵园高耸的纪念碑上，镌刻着老一辈革命家陈毅同志苍劲有力的题词——杨根思烈士碑。纪念碑后矗立着杨根思怀抱炸药包威武凛然的塑像。杨根思烈士

△ 朝鲜人民为杨根思烈士修建的纪念碑

塑像，身高 3.18 米，立于金山石基座上，馆正中立竖碑一座，镌刻着彭德怀元帅的手迹：“中国人民的优秀儿子、国际主义的伟大战士、志愿军的模范指挥员——杨根思烈士永垂不朽！”两侧为 6 个陈列室，有烈士的生平事迹、形象塑像，还有为宣传烈士事迹所出版的各种书籍、纪念册、图片以及书画作品、烈士遗物、革命文物、重要复制品和朝鲜赠送的奖旗、勋章、朝鲜劳动党主席金日成馈赠的礼品等等。再后面为杨根思烈士纪念堂，屋脊上耸立着“抗美援朝，保家卫国”八个大字。檐下有“气壮山河”的横匾，堂内有烈士半身石膏塑像，并陈列着各界敬献的花圈、挽联、祭轴等。最后面为杨根思烈士衣冠冢，冢在半月形的土山正中，山上栽有青松翠柏，郁郁葱葱。

每逢清明时节和英雄光荣献身的日子，成千上万的工人、农民、解放军战士、学生拥向这里，怀着崇敬的心情前来悼念英雄，缅怀英雄。

英雄传人

杨根思牺牲后，他生前所在的连队被命名为“杨根思连”，这是我军唯一一支以英雄的名字命名的连队。战友们在清理英雄的遗物时，发现了他生前用过的硬皮日记本，扉页上面写有他的战斗誓言：

不相信有完成不了的任务，不相信有克服不了的困难，不相信有战胜不了的敌人。

这三不相信的誓言成了他的遗言，也成了他留给连队最为宝贵的精神财富。六十多年来，连队一代又一代官兵把它视为“连魂”接力传递下去，谱写着连队建设的新篇章。

英雄乘风去，魂魄励后人。1952 年 10 月，杨根思连从朝鲜战场上凯旋，在苏州地区休整一个多月后，奉令调防浙东，连队迅速转入海防备战和正规化建设。当时，连队官兵文化素质低，有的还目不识丁。为攻克这一“堡垒”，他们迎难而上，掀起了向文化教育大进军的热潮。官兵们排除困难，求知成才，文化素质有了较大提高，为建设连队积蓄了能量。杨根思生前所在班班长秦喜武学习刻苦，成绩突出，荣立一等功，1955 年 4 月参加了全军第三次英模报告会。这是在艰苦环境中连队官兵打的第一个漂亮仗，也是杨根思“三不相信”精神延续的开端。

“杨根思，我们的连长，一心为革命，一心忠于党，英雄的名字，永远活在我们的心上……”深情唱英雄，歌声激壮志。杨根思留下的精神财富，已经变成连队建设取之不尽用之不竭的力量源泉。新兵入伍到连队上的第一堂课是连队的传统课，唱的第一首歌是《杨根思之歌》，参观的第一个点是连史室。他们每年还举行一次“向英雄学习，为连史增辉”演讲会。每逢杨根思牺牲纪念日、连队命名日、清明节，连队都组织各种各样的纪念活动。

忆英雄业绩，励官兵斗志。每届连主官交接时，他们都要来到连队荣誉室，面对老连长杨根思的塑像，交思想班、交传统班，郑重交待“四个对得起”：在“杨根

△ 江苏泰兴杨根思烈士陵园

△ 杨根思烈士纪念碑

思连”的主官位置上，要对得起组织的培养，对得起连队光荣的历史，对得起前辈付出的心血，对得起自己肩上的牌子。

连队长年坚持开展的“举英雄旗帜，走英雄之路，创英雄业绩”活动，把全连官兵紧紧地凝聚在了一起，也使官兵在各种经常性活动中不间断地接受传统的熏陶。进了“杨根思连”，只有为连队争荣誉的义务，没有给连队抹黑的权利，要争就为连队争第一，要夺就为连队夺红旗。优良传统所产生的巨大能量日益强化着官兵的光荣感和使命感，使连队时刻充满着勃勃生机。

在部队建设上，“杨根思连”用党的创新理论赋予连魂新的内涵。连队党支部强烈意识到，只有按照创新理论要求，与时俱进，秉承“三不相信”精神和荣誉连队的“老传统”，才能焕发新的生机和活力。他们认真落实连队多年来形成的理论学习夜校制度，深入学习创新理论一系列新观点、新论断和新要求，并在连队深入开展“新时期如何解读和弘扬‘三不相信’精神”教育大讨论。

每年在新兵政治教育课中，都安排“与时俱进继承连队光荣传统”的一课，引导新战士一入伍就学会用历史的、发展的眼光去解读“连魂”，引导官兵从贯彻十七大精神、落实科学发展观、履行新的历史使命、构建当代革命军人核心价值观等不同角度，延伸“连魂”的时代内涵。几年来，连队及时把这些新的思想认识用起来，把新的战斗口号叫起来，把新的典型标杆树起来，使“三不相信”精神成为不断激发官兵的精神动力。

在老连长杨根思的英雄气概和无私奉献精神的感召下，杨根思连的官兵们在生死、洪水、火灾、苦难等严峻考验面前，以顽强过硬的战斗作风，勇于挑重担，敢啃硬骨头，打了一个又一个漂亮仗。

2008 年 5 月 12 日，四川发生特大地震。杨根思生前所在部队受命作为第一批赴灾区紧急救援部队，接到命令后，全旅官兵闻令而动、千里驰援，经过两昼夜紧

△ 1951年12月，二十军张翼翔军长向“杨根思连”授旗

◁ 2003年，“杨根思连”奉命参加黄河兰考段抗洪抢险任务。图为全连官兵在救灾一线面对党旗庄严宣誓

急开进，于15日凌晨到达上级指定任务区——与地震中心汶川只有一山之隔的彭州市。当时，地震已经发生了三天，救援遇难者的“黄金时间”就要过去了，可是彭州的灾情还不清楚，特别是号称成都后花园的旅游胜地龙门山镇、银厂沟一带。地震造成了山体滑坡，道路中断。

◁ “杨根思连”连旗

△ 杨根思连的官兵向四川彭州龙门山镇灾区挺进

当地居民和外来游客生死不明。旅首长亲临现场指挥，并作出重要指示："部队火速全力展开大营救，哪里有老百姓的求救声就是主攻方向，哪里有幸存者就往哪里冲！"旅首长把探路侦察任务交给了"杨根思连"全体官兵。

连队接到任务后，全连官兵们叫响了"不相信有翻不过的大山，不相信有越不过的激流，不相信有救不出的群众"的新"三不相信"口号。连长李修洋带领党员突击队边搜救边前进，为后续部队进入灾区标示道路、架设浮桥。当时情况非常危急，山体滑坡、桥梁中断，余震接连不断，不时有山石滚落。官兵们不顾个人生命危险奋勇向前。

由于山区居民分布零散，连长李修洋为了加快搜救进度，找了一名当地群众作向导。他们不惜一切代价，绝不放过任何一个角落！在陡红岩大搜救中，连队接到消息：有四名六十多岁的老人被困在陡峭的岩壁上。连长、指导员马上作出紧急部署，从正面、侧面、背面分三组上山救援。指导员范超幸带着突击队员冲在了最前面，从最险的正面，通过两根攀岩绳从八十多度的断岩攀了上去，找到了被山石困住的老人。几近绝望的老人看到从天而降的解放军战士，紧紧地抱住了他们，感动得说不出话来。最后，战士们用树枝做成简易担架把四位遇险老人平安转移到了安全区域。

在灾后重建工作全面展开的时候，“杨根思连”奉命开进地震中破坏极为严重的草坝村。在那些难忘的日子里，杨根思连官兵和当地百姓结下了深厚的感情。他们不顾疲劳，日夜奋战，清理地震废墟，掩埋遇难者遗体，修建过渡房。当看到村民灾后生活清苦，连队就把收到的慰问品分送给灾民。当看到草坝村孩子们上学必经的铁索桥桥板在地震中被震落时，战士们就上山采石加以修补。

五月的灾区是个多雨季节，有时一阵风雨就把一座

△ 杨根思连官兵解救地震被困老人

◁ “杨根思连”官兵冒着余震危险，火速进山救援

▷ “杨根思连”官兵在草坝村救出幸存者

刚刚搭好的简易房顶的遮雨布给掀开了。战士们见到后，毫不犹豫地顶风冒雨爬上屋顶，用身体压住遮雨布。很多在场的老乡看到这样的场景，都不禁热泪纵横。在端午节那天，灾区的群众给战士们送来了一串串热气腾腾的粽子，这份军民鱼水之情被深深地记在了每一位官兵的心中。在灾区的72个日日夜夜里，“杨根思连”广大官兵共抢救幸存者8人，挖掘遇难者遗体27具，转移受困群众173人，疏通道路7公里，清理废墟960立方，协助地方运送救灾物资8.2吨，为抗震救灾任务的顺利完成做出了突出贡献。

2008年7月23日，部队完成抗震救灾任务奉命回撤，为了不打扰乡亲们，部队选择在夜间装车，准备次日凌晨5点出发，但还是被有心的村民发现。7月24日凌晨4点钟，天还没亮，乡亲们就拿着煮好的鸡蛋、玉米等待在村前道路两侧。车队刚刚出发，乡亲们就拥了上来。平时不到5分钟的车程却整整一个半小时还没开出草坝村……

对英雄最好的纪念，是高举英雄的旗帜，开创新的事业。新时期的“杨根思连”官兵，又对老连长的“三不相信”精神赋予了新的内涵，那就是“见第一就争，见红旗就扛”。他们是战场上打头阵、训练中当先锋的

◁ “杨根思连”官兵冒雨抢修灾民简易过渡房

▷ 2008年6月8日，中央军委徐才厚副主席在四川彭州灾区视察救灾工作时，亲切看望“杨根思连”全体官兵

◁ 2008年10月，“杨根思连”被中共中央、国务院、中央军委表彰为“全国抗震救灾英雄集体”

标杆连队。进入新世纪以来，在维护世界和平、维护地区的安全稳定中，“杨根思连”发挥了重要作用，并以积极的、开放的姿态参与国际军事合作。

2005年，军区“装甲机步班射击突击综合练习研讨观摩会”在旅里召开。这一演示课目难度大，危险系数高。“杨根思连”党支部主动请战，担负了这一重要课目

△ 2005年5月，美国前国务卿基辛格博士参观“杨根思连”

△ 四川灾区的群众送别“杨根思连”官兵

的演示汇报任务。连队6名干部骨干带领示范班白天实车训练，晚上总结推演，通过不懈努力，在汇报表演中精彩亮相，赢得了观演首长的高度评价。2005年5月，美国原国务卿基辛格博士来旅参观。连队整齐划一的内务、摆放有序的设施、官兵威武严整的形象、周到细致的礼节，给他留下了深刻印象。临走时，基辛格博士动情地说："I hope our two nations never battle, and thanks for your warm hospitality."（希望我们两国之间永远不要兵戎相见，感谢你们的热情接待）。

2008年9月，“杨根思连”迎来了新的挑战，“砺兵—2008”军事演习开战在即。这次演练的对手实力强劲，组建至今尚无败绩，他们装备先进，是目前我军信息化建设水平最高的一支机械化部队。面对强劲的对手，连

▷ “杨根思连”官兵在“砺兵-2008”演习

队非但没有怯意，反而激起了高昂的斗志。各班纷纷向连旗宣誓，在连旗上签名。面对演练对手的精良武器，官兵们按旅长唐岩峰“剑不如人，剑法要高于人”的指示，研究对手过去对抗的纪录片，分析对手的打法、招术，设想了一百多种可能发生的情况，一个细节一个细节地反复推敲。他们跨大区长途开进，到达对抗演习现场——内蒙古朱日和战术训练基地，并根据演练课题内容、组织形式、演练对手和演练地区自然环境，加强针对性训练。由于朱日和海拔高，气温低，风沙大，很多战士的嘴唇被风吹裂，但训练热情一点也没有下降，每天坚持训练十几个小时。9月25日凌晨4时，随着三颗红色信号弹的腾空，一场信息化条件下联合战术集团机动攻防战斗打响。当“杨根思连”的一个排乘坐某型步兵战车攻上“蓝军”3号高地时，突然“蓝军”的6辆坦克迎面扑来。“敌人”的兵力远远超过了战前的侦察和预想，面对敌强我弱的战场态势，“杨根思连”指挥员迅速改变原来作战预案，果断采取了“迂回包围，正面牵制”的战术。他们让步战车迅速出击吸引“敌”坦克的注意力，步兵下车徒步冲击，对“敌”坦克形成合围之势。由于当地海拔高，空气稀薄，跑步行进300米都不容易，可“杨根思连”的战士们一口气冲击前进了1500米，包围了敌方坦克，赢得了胜利，并将“杨根思连”的大旗牢牢地插在了“蓝军”的阵地上，表现了中国军人良好的军事素质。“砺兵—2008”演习，以更大的开放程度，向外军展示了人民解放军的现代化作战能力和战斗作风，展示了特级英雄杨根思的精神传承与发扬，展示出中国军队的坦诚和自信，老一辈英雄的精神

△ “杨根思连”官兵在演习中

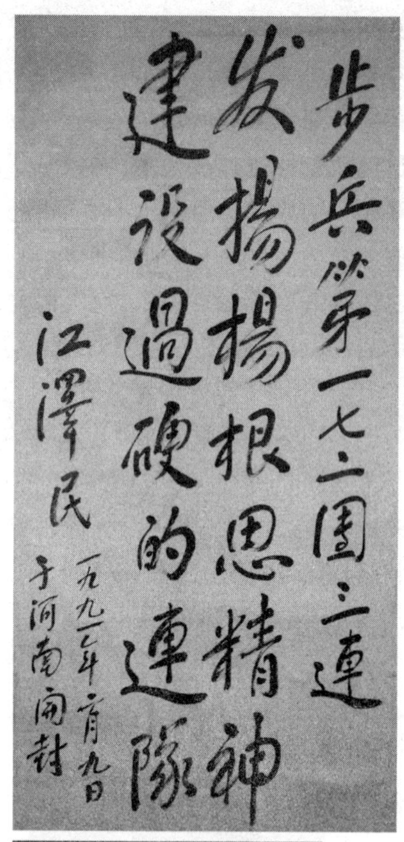

△ 江泽民主席为“杨根思连”题词

将永远指引着他们勇敢前行。

1991 年 2 月，时任国家主席的江泽民同志接见了连队全体官兵，并亲笔题词“发扬杨根思精神，建设过硬的连队”。新形势下，连队着眼使命要求，在部队改制换装、大抓军事训练、大力推进转变中，不断赋予杨根思“三不相信”精神新的时代内涵，坚持不懈用优良传统熏陶官兵、建连育人，在大项任务中摔打磨砺部队，培植战斗精神，铸造英勇善战的优良作风，有效提高了部队的

△ “杨根思连”已成为我军建设发展过程中的“标杆连队”和对外开放的窗口连队。图为2008年3月17日，美国太平洋中青班到“杨根思连”参观

打赢能力，促进了连队全面建设整体推进。连队先后3次被军区授予“卫国英雄连”、“基层建设模范连”荣誉称号，19次被集团军以上单位树为基层建设标兵连，荣立集体一等功2次、二等功8次、三等功23次。连队党支部两次被中组部表彰为“全国先进基层党组织”，4次被总政表彰为“全军先进基层党组织”。2008年10月，连队被党中央、国务院和中央军委表彰为“全国抗震救灾英雄集体”。2009年9月，政治指导员范超幸被总政治部表彰为全军“四会”政治教员标兵。2010年8月13日和10月12日，《人民日报内参》和《解放军报内参》分别刊发了“杨根思连”用“三不相信”精神创先争优60年，锻造过硬连队的先进事迹。

近80年血与火的考验、风和雨的砺练，培育和造

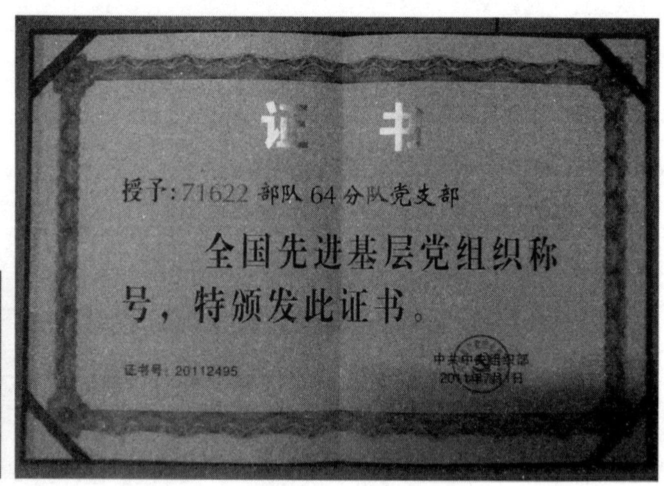
证书

授予：71622部队64分队党支部

全国先进基层党组织称号，特颁发此证书。

证书号：20112495

中共中央组织部

2011年7月1日

▷ 2011年7月，“杨根思连”被中共中央组织部授予“全国先进基层党组织”称号

就了连队不朽的灵魂，铸就了高举旗帜、听党指挥，顾全大局、勇挑重担，攻如猛虎、守如泰山，敢打硬拼、只争第一，围绕中心、聚焦打赢，科学发展、全面过硬，治军严明、守纪如铁，拥政爱民、内外和谐等优良传统，这是该连无比宝贵的精神财富，已成为激励代代官兵再创辉煌的强劲动力。

△ 杨根思生前所在部队建造了“杨根思广场”，永远缅怀英雄，激励官兵战斗热情

后 记

铭记那些最可爱的人

著名作家魏巍在抗美援朝战争期间，创作了一篇题为《谁是最可爱的人》的通讯，从此，“最可爱的人”成为了中国人民志愿军乃至解放军的代名词。为什么他们是最可爱的人？从英雄杨根思身上我们就能找到答案。他是千万志愿军战士的杰出代表，他怀着对祖国人民的无限热爱和对帝国主义的无比憎恨，将一腔热血抛洒在异国的土地上。

61 年前，240 万中华优秀儿女，为了“抗美援朝，保家卫国”，他们告别亲人，告别热爱的祖国，开赴朝鲜战场，同英雄的朝鲜人民并肩作战，用鲜血和生命保卫了年轻的共和国，支援了朝鲜人民抗击侵略者的正义斗争。如今，翻开这部血与火写就的抗美援朝战史，杨根思、黄继光、邱少云、罗盛教……这些英烈的名字，犹如一座座丰碑，镌刻着伟大的爱国主义和革命英雄主义精神，耸立在中华民族辉煌的历史之中。

如果说毛主席在新中国开国大典上宣告的“中国人民从此站起来了”更多是一种宣示的话，那么抗美援朝战争的胜利，则为这句话作了极好的注脚。抗美援朝战争的胜利，打开了刚刚诞生的新中国通往世界现代民族之林的道路，创造了中国与世界各国平等交往的先决条件，中国不再是一个任凭大小帝国主义宰割奴役的国家，中国人民不仅建立了自信与自尊，而且赢得了世界人民的尊重。要知道，中国今天昂首站立，是始于中国人民志愿军当年在“三八线”的巍然屹立。今天我们纪念抗美援朝战争，不仅仅是纪念一场战争的胜利，也是纪念中华民族在外侮强敌面前，敢于抗争、勇于胜利的精神，更是纪念千千万万中华儿女为祖国人民利益英勇斗争、不畏牺牲的伟大情怀。

“他淹没了隆隆的炮火，你唱响了滚滚的烽烟。回想那些艰苦的岁岁年年，我们够不着，但却看得见。就是那些黑白的斑驳光影，让我们激情澎湃、豪气冲天。时间越来越长，往事越来越远，但是那些名字、那些片段、那些笑脸，却清晰如昨、闪亮依然，犹如遥远的夜空中的繁星点点……”这是电影《英雄儿女》女主角刘尚娴（王芳的扮演者）的一段朗诵诗。作为一个时代的印记，我坚信，那些为革命不屈奋斗的志士，那些不惜为国捐躯的骨肉，那些曾经的激情燃烧的岁月，每一位中国人将永远不会忘却。因为，他们是中国的脊梁，是中华儿女的傲骨，是一个民族永远不会低下的头颅……

最后，引用郭沫若先生的诗来纪念我们最可爱的人：

辉煌烈士尽功臣，不灭光辉不朽身。
鸭绿江南花胜锦，山陵园畔草成茵。
英雄气魄垂千古，国际精神召万民。
峻极高山齐仰止，誓将纸虎化为尘。

100位

新中国成立以来感动中国人物

丁晓兵　马万水　马永顺　马恒昌　马海德　中国女排五连冠群体

孔祥瑞　孔繁森　文花枝　方永刚　方红霄　毛岸英

王　杰　王　选　王　瑛　王乐义　王有德　王启民

王进喜　王顺友　邓平寿　邓建军　邓稼先　丛　飞

包起帆　史光柱　史来贺　叶　欣　甘远志　申纪兰

白芳礼　任长霞　刘文学　刘英俊　华罗庚　向秀丽

廷·巴特尔　许振超　达吾提·阿西木　邢燕子　吴大观

吴仁宝　吴天祥　吴金印　吴登云　宋鱼水　张　华

张云泉　张秉贵　张海迪　时传祥　李四光　李春燕

李桂林和陆建芬夫妇　李素芝　李梦桃　李登海　杨利伟

杨怀远　杨根思　苏　宁　谷文昌　邰丽华　邱少云

邱光华　邱娥国　陈景润　麦贤得　孟　泰　孟二冬

林　浩　林巧稚　林秀贞　欧阳海　罗映珍　罗健夫

罗盛教　草原英雄小姐妹　赵梦桃　钟南山　唐山十三农民

容国团　徐　虎　秦文贵　袁隆平　钱学森　常香玉

黄继光　彭加木　焦裕禄　蒋筑英　谢延信　韩素云

窦铁成　赖　宁　雷　锋　谭　彦　谭千秋　谭竹青

樊锦诗

图书在版编目（CIP）数据

杨根思 / 褚当阳，杨逸飞著. -- 长春 : 吉林文史出版社，2012.8（2022.4重印）
（100位新中国成立以来感动中国人物）
ISBN 978-7-5472-1184-7

Ⅰ. ①杨… Ⅱ. ①褚… ②杨… Ⅲ. ①杨根思（1922～1950）－生平事迹－青年读物②杨根思（1922～1950）－生平事迹－少年读物 Ⅳ. ①K825.2-49

中国版本图书馆CIP数据核字(2012)第208517号

杨根思

YANGGENSI

著/ 褚当阳 杨逸飞
选题策划/ 王尔立 责任编辑/ 王尔立 李洁华 任玉茗
装帧设计/ 韩璘
出版发行/ 吉林文史出版社
地址/ 长春市福祉大路5788号 邮编/ 130118
电话/ 0431-81629363 传真/ 0431-86037589
印刷/ 天津海德伟业印务有限公司
版次/ 2012年8月第1版 2022年4月第4次印刷
开本/ 640mm×920mm 1/16
印张/ 9 字数/ 100千
书号/ ISBN 978-7-5472-1184-7
定价/ 29.80元